企业沙盘模拟实训教程

（第二版）

符 蕾 编著

辽宁大学出版社

图书在版编目(CIP)数据

企业沙盘模拟实训教程 / 符蕾编著. — 沈阳：辽宁大学出版社，2012.8
  ISBN 978-7-5610-6919-6

  Ⅰ. ①企…　Ⅱ. ①符…　Ⅲ. ①企业管理－教材　Ⅳ. ①F270

中国版本图书馆 CIP 数据核字(2012)第 211050 号

出 版 者：辽宁大学出版社有限责任公司
　　　　　(地址：沈阳市皇姑区崇山中路 66 号　　邮政编码：110036)
印 刷 者：北京广达印刷有限公司
发 行 者：辽宁大学出版社有限责任公司
幅面尺寸：170mm×228mm
印　　张：13.25
字　　数：238 千字
印　　数：2001－5000 册
出版时间：2015 年 6 月第 2 版
印刷时间：2015 年 6 月第 2 次印刷
丛书策划：水木时代(北京)图书中心
责任编辑：胡家诗
策划编辑：武　坦
封面设计：刘熙川
责任校对：齐　悦

书　　号：ISBN 978-7-5610-6919-6
定　　价：25.00 元

联系电话：024－86864613
邮购热线：024－86830665
网　　址：http://www.lnupshop.com
电子邮件：lnupress@vip.163.com

前　言

全球化市场的形成,使得地球变得越来越小。在全球化市场竞争中已经没有一块受保护的领地。任何企业要想生存和发展就必须面对激烈的竞争。所有的企业在竞争中必须面对"优胜劣汰,适者生存"这一游戏规则,而不论其原来的基础如何。这是公平的,也是残酷的。

中国加入 WTO 以后,我国的企业已经清醒地认识到,所面对的竞争对手将是那些世界级的企业。在新的形势下,我国的企业要生存、要发展,就必须以主动的姿态参与全球市场竞争并赢得竞争。而要赢得竞争,就要知己知彼。那么,今天西方的和东方的世界级企业的竞争优势是什么呢? 我们容易看到产品和技术,而深层次的东西则是管理的理念和工具。

ERP 企业经营管理沙盘模拟,高度模仿真实企业的经营管理过程,将企业组织结构和经营管理过程悉数展示在沙盘上。企业经营管理沙盘模拟是集知识性、趣味性、对抗性于一体的综合型企业管理技能训练课程,旨在为进入职场的同学提供一个验证自己分析、管理、决策和沟通能力的平台,让受训者全面学习、掌握经济管理知识,调动学习的主动性。同时,让参与者身临其境,感受企业经营的精彩与残酷,承担经营的风险与责任,提升经营管理的素质和能力。

"ERP 沙盘模拟"课程是把模拟企业作为课程主体,通过构建仿真企业环境,模拟真实企业的生产经营活动,把企业运营的关键环节——战略规划、资金筹集、市场营销、产品研发、生产组织、物资采购、设备投资与改造、会计核算与财务管理等部分设计为该实训课程的主体内容,把企业运营所处的内外部环境抽象为一系列的规则,由受训者组成若干个相互竞争的管理团队,扮演着不同的角色,共同面对变化的市场竞争环境,参与到企业模拟运营的全过程之中。

本教材是针对用友软件股份有限公司开发的"ERP 沙盘模拟"课程的配套用书。本教材定位于初次接触该课程的学员,层次清晰、内容简明,方便实用。

本教材在编写过程中借鉴了国内有关专家、学者的理论研究与实践成果,参考了许多相关文献资料,在此特向作者表示诚挚的感谢。由于编者水平有限,加之编写时间仓促,书中难免会有一些不妥之处,恳请广大读者不吝批评指正。

编　者

2015 年 5 月

目　录

学习情境一　初识 ERP

ERP 是 Enterprise Resource Planning 的缩写,中文含义是企业资源计划。它代表了当前在全球范围内应用最广泛、最有效的一种企业管理方法,这种管理方法已经通过计算机软件得到了体现。因此,ERP 也代表一类企业管理软件系统。

项目一

ERP 技术的发展

ERP 管理思想与技术经历了 30 多年的发展变革,从管理信息系统(Management Information System,MIS)到物料需求计划(Material Requirement Planning,MRP)再到制造资源计划(Manufacturing Resource Planning,MRPⅡ),最后发展到企业资源计划 ERP,逐渐成熟。ERP 技术大致经历了以下四个阶段:MIS→MRP→MRPⅡ→ERP。

一、管理信息系统(MIS)阶段

(一)MIS 的主要任务

从概念上讲,管理信息系统由四个部件构成:信息源、信息处理器、信息用户和信息管理者。它们之间的联系如图 1-1 所示。

由图 1-1 中可知,信息源是信息的产生地;信息处理器负责信息的传输、加工、保存等任务;信息用户是信息的使用者,它利用信息进行决策;信息管理者负责信息系统的设计、实现和维护。

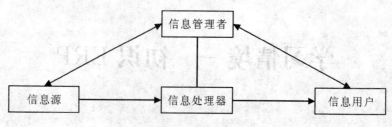

图 1-1　管理信息系统总体结构图

　　管理系统辅助企业完成日常结构化的信息处理任务。一般认为,MIS 的主要任务有以下几个方面:

　　(1)对基础数据进行严格的管理,要求计量工具标准化、程序和方法被正确使用,使信息流动渠道顺畅。有一点要明确指出:"进去的是垃圾,出来的也是垃圾",即必须保证信息的准确性和一致性。

　　(2)确定信息处理过程的标准化,统一数据和报表的标准格式,以便建立一个集中统一的数据库。

　　(3)高效地完成日常事务处理业务,优化分配各种资源,包括人力、物力和财力等。

　　(4)充分利用已有的资源(包括现在的和历史的数据信息等),运用各种管理模型,对数据进行加工处理,对管理和决策工作加以支持,以便实现组织的目标。

(二)MIS 的特点

　　管理信息系统具有以下几个特点:

　　(1)MIS 是一个人机结合的辅助管理系统。管理和决策的主体是人,计算机系统只是工具和辅助设备。

　　(2)MIS 主要用于解决结构化问题。

　　(3) MIS 主要用于完成例行的信息处理业务,包括数据的输入、存储、加工、输出,生产计划的制订,生产和销售数据的统计等。

　　(4)MIS 可以高速度、低成本地完成数据处理业务,追求系统处理问题的效率。

　　(5)MIS 的目标是要实现一个相对稳定、协调的工作环境。因为系统的工作方法、管理模式和处理过程是确定的,所以系统能够稳定、协调地工作。

　　(6)数据信息成为系统运行的驱动力。因为信息处理模型和处理过程的直接对象是数据信息,只有保证完整的数据资料的采集,系统才有运行的前提。

（7）在设计系统时，强调应用科学、客观的处理方法，且系统设计要符合实际情况。

（三）MIS 的结构

管理信息系统一般被认为是一个金字塔形的结构，从信息处理的工作量来看，信息处理所需资源的数量是随管理任务的层次而变化的。在一般的层次，业务处理的信息处理量较大，而业务的层次越高，信息量越小，形成如图1-2所示的金字塔形的结构。由图1-2可见，塔底部的业务量最大，是一种基层的管理工作，从业务处理、运行控制到管理控制表示明确的管理和决策过程，是一个结构化的决策过程；而塔顶部的业务量最小，是一种较高层次的管理工作，是一个非结构化的决策过程。

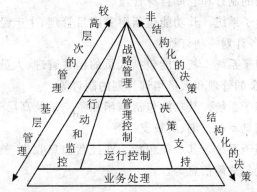

图 1-2　管理信息系统的金字塔结构

一个组织的管理信息系统可分解为以下四个基本部分：

1. 电子数据处理系统（EDPS）部分

电子数据处理部分主要完成数据的收集、输入，数据库的管理、查询、基本运算、日常报表的输出等任务。

2. 分析部分

分析部分的主要功能是在 EDPS 基础之上，对数据进行深加工。例如，运用各种管理模型、定量化分析手段、程序化方法、运筹学方法等对组织的生产经营情况进行分析。

3. 决策部分

MIS 的决策模型多限于以解决结构化的管理决策问题为主。其决策结果要为高层管理者提供一个最佳的决策方案。

4. 数据库部分

数据库主要完成数据文件的存储、组织、备份等功能,是管理信息系统的核心部分。

此外,一个组织的管理信息系统可以根据管理功能的不同,划分为纵向子系统,主要的子系统有以下几种:

(1)销售与市场子系统。其功能包括创立订单、撤销订单、销售计划的制订、销售状况分析、顾客信息的管理和销售合同的管理等。

(2)生产管理子系统。其功能包括物料需求计划的制订、生产计划的安排、生产调度和日常生产数据的管理分析等。

(3)物资供应子系统。其功能包括采购、收货、发放、库存控制、库存台账的管理、订货计划的制订和仓库自身管理等。

(4)财务会计子系统。其功能包括财务账目管理、生产经营成本管理、财务状况分析和财务计划的制订等。

(5)人事管理子系统。其功能包括人员的档案管理、人员考勤情况管理、人员各种保险基金的管理和人员培训计划的制订等。

(6)高层管理子系统。其功能包括信函和备忘录及高层领导向各职能部门发送的指示、信息动态查询、决策支持等。

(7)信息处理子系统。其功能包括企业经营信息收集、整理、日常任务的调度、差错率和设备故障信息等。

二、闭环物料需求计划(MRP)阶段

(一)基本 MRP 阶段

1. 概述

MRP 是英文 Material Requirements Planning(物料需求计划)的缩写。MRP 的概念是在 20 世纪 50 年代末提出并于 60 年代中期实现的。在 18 世纪的工业化革命之后,人类社会便进入工业经济时代。工业经济时代竞争的特点就是产品生产成本上的竞争,大规模生产(Mass Production)是降低生产成本的有效方式。由于生产的发展和技术的不断进步,大规模生产给制造业带来了许多困难,主要表现在:生产所需的原材料不能准时供应或供应不足;零部件生产不配套,且积压严重;产品生产周期过长且难以控制,劳动生产率下降;资金积压严重,周转期长,资金使用效率降低;市场和客户需求的变化,

等等,使得企业经营计划难以适应。总之,降低成本的主要任务就是要解决库存积压与短缺的问题。

为了解决这个关键问题,美国生产与库存控制协会(APICS)于 1957 年开始进行生产与库存控制方面的研究与理论传播。随着 20 世纪 60 年代计算机开始商业化应用,第一套物料需求计划 MRP 软件面世,并开始应用于企业物料管理工作中。

2.基本 MRP 用途

基本 MRP 主要应用于制造业,因为制造业必然要从供应方买来原材料,经过加工或装配,制造出产品,销售给需求方。这就是制造业区别于金融业、商业、采掘业、服务业的主要特点。

任何制造业的经营生产活动都是围绕其产品展开的,制造业的信息系统体现了这种特点。基本 MRP 就是从产品的结构或物料清单出发,实现了物料信息的集成。制造业的经营生产活动表现为一个上小下宽的锥状产品结构,如图 1-3 所示。

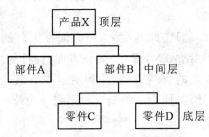

图 1-3 产品 X 的结构图

从图 1-3 中可知,其顶层是出厂产品,属于企业市场销售部门的业务;底层是采购的原材料或配套件,属于企业物资供应部门的业务;介于其间的是中间层,制造部件属于生产部门的业务。

3.基本 MRP 的功能

基本 MRP 的功能是实现物料信息的集成,保证及时供应物料,降低库存,提高生产效率。物料需求信息由以下四个要素组成:需要什么?何时需要?需要多少?何时订货?物料的需求信息、产品结构、采购提前期、库存信息是运行 MRP 的四项主要数据。这些数据的准确度将决定 MRP 的有效性。

4.基本 MRP 的模块

基本 MRP 的模块包括以下几个:

(1)主生产计划(Master Production Schedule,MPS)模块。该模块主要

解决企业要生产什么产品的问题。

(2)物料需求计划模块。该模块主要解决企业需要什么物料的问题。

(3)物料清单(Bill of Material,BOM)模块。该模块主要解决企业产品结构的零件计划的问题。

(4)库存控制(Inventory Control)模块、采购订单(Purchasing Order)模块、加工订单(Manufacturing Order)等模块。这些模块主要解决生产过程中的具体问题。

(二)闭环 MRP 阶段

1.概述

基本 MRP 是建立在以下两个假设基础上的:一是假设生产计划是可行的,即假定有足够的设备、人力和资金来保证生产计划的实现;二是假设采购计划是可行的,即有足够的供货能力和运输能力来保证完成物料供应。但在实际生产中,能力资源和物料资源总是有限的,因而往往出现生产计划无法完成的情况。

20 世纪 70 年代,人们在此基础上,一方面把生产能力作业计划、车间作业计划和采购作业计划纳入 MRP 中;另一方面,在计划执行过程中加入来自车间、供应商和计划人员的反馈信息,并利用这些信息进行计划的平衡调整,从而围绕着物料需求计划,使生产的全过程形成一个统一的闭环系统,这就是闭环 MRP。

2.闭环 MRP 结构

MRP 系统的正常运行需要有一个现实可行的主生产计划,它除了要反映市场需求和合同订单以外,还必须满足企业的生产能力约束条件。因此,除了要编制资源需求计划外,还要制订能力需求计划(CRP),同各个工作中心的能力进行平衡。只有在采取了措施做到能力与资源均满足负荷需求时,才能开始执行计划。

而要保证实现计划就要控制计划,执行 MRP 时要用派工单来控制加工的优先级,用采购单来控制采购的优先级。可见,一个完整的闭环 MRP 结构是建立在基本 MRP 之上的。

通俗地说,MRP 是一种保证既不出现短缺又不积压库存的计划方法,解决了制造业所关心的缺件与超储的矛盾。所有 ERP 软件都把 MRP 作为其生产计划与控制的功能模块,MRP 是 ERP 不可缺少的核心功能。

三、制造资源计划(MRPⅡ)阶段

(一)MRPⅡ的概念

闭环 MRP 将物料需求按周甚至按天进行分解,使得 MRP 成为一个实际的计划系统和工具,但不仅仅是一个订货系统,这是企业物流管理的一项重大发展。只要将主生产计划真正制订好,那么闭环 MRP 系统就能够平稳运行。但这还不够,因为在企业的管理中,生产管理只是一个方面,它所涉及的是物流,而与物流密切相关的还有资金流和信息流。但资金流在许多企业中是由财会人员另行管理的,这就造成了数据的重复录入与存储,甚至造成数据的不一致性,降低了效率,浪费了资源。于是人们想到,应该建立一个一体化的管理系统,去掉不必要的重复性工作,减少数据间的不一致性现象,以提高工作效率,实现资金流与物流的统一管理。这就要求把财务子系统与生产子系统结合到一起,形成一个系统整体,这使得闭环 MRP 向 MRPⅡ前进了一大步。最终在 20 世纪 80 年代,人们把制造、财务、销售、采购、工程技术等各个子系统集成为一个一体化的系统,并称其为制造资源计划(Manufacturing Resource Planning,MRP)系统。为了区别于物料需求计划系统(MRP)而将其记为MRPⅡ。MRPⅡ可在周密的计划下有效地利用各种制造资源,控制资金占用,缩短生产周期,降低成本,但它仅局限于企业内部物流、资金流和信息流的管理,其最显著的效果是减少库存量及减少物料短缺现象。

(二)MRPⅡ的特点

MRPⅡ的特点可以从以下几个方面来说明,而每一项特点都含有管理模式的变革和人员素质或行为的变革两方面的内容,这些特点是相辅相成的。

1.计划的一贯性与可行性

MRPⅡ是一种计划主导型管理模式,计划层次从宏观到微观、从粗到细逐层优化,但始终保证与企业经营战略目标一致。它把通常的三级计划管理统一起来,计划编制工作集中在厂级职能部门,车间班组只能执行计划、调度和反馈信息。在计划下达之前,要反复验证和平衡生产能力,并根据反馈信息及时调整,处理好供需矛盾,保证计划的一贯性、有效性和可执行性。

2.数据共享性

MRPⅡ是一种制造企业管理信息系统。企业各部门都依据同一数据信息进行管理,任何一项数据变动都能及时地反映到所有部门,做到数据共享。

在统一的数据库支持下，按照规范化的处理程序进行管理和决策，改变了过去那种信息不通、情况不明、盲目决策、相互矛盾的现象。

3. 动态应变性

MRPⅡ是一个闭环系统，它要求跟踪、控制和反馈瞬息万变的实际情况，管理人员可随时根据企业内外环境条件的变化迅速作出响应，及时调整决策，保证生产正常运行。它可以及时掌握各种动态信息，保持较短的生产周期，因而有较强的应变能力。

4. 管理的系统性

MRPⅡ是一项系统工程，它把企业所有与生产经营直接相关的部门的工作连接成一个整体，各部门都从系统整体出发做好本职工作，每个员工都知道自己的工作质量同其他职能的关系。这只有在"一个计划"下才能成为系统，条块分割、各行其是的局面被团队精神所取代。

5. 模拟预见性

MRPⅡ具有模拟功能。打一个形象的比喻，它可以解决"如果怎样……将会怎样"的问题，可以预见在相当长的计划期内可能发生的问题，这样可以事先采取措施消除隐患，而不是等问题已经发生了再花几倍的精力去处理。这将使管理人员从忙碌的事务堆里解脱出来，致力于实质性的分析与研究，提供多个可行方案供领导决策。

6. 物流、资金流的统一

MRPⅡ包含了成本会计和财务功能，可以由生产活动直接产生财务数据，把实物形态的物料流动直接转换为价值形态的资金流动，保证生产和财务数据一致。财务部门可以及时得到资金信息用于控制成本，通过资金流动状况反应物料和经营情况，随时分析企业的经济效益，参与决策，指导和控制经营和生产活动。

以上几个特点表明，MRPⅡ是一个比较完整的生产经营管理计划体系，是实现制造业企业整体效益的有效管理模式。

四、企业资源计划(ERP)阶段

ERP是在MRPⅡ基础上发展起来的，是一个企业全面的电脑化管理，是一种包含现代前沿管理思想方法的软件系统。简单地说，通过应用ERP，可以完成企业的现代化、规范化管理，达到降低库存、降低成本、及时发货的目的，提高企业的应变能力。

(一)ERP 与 MRPⅡ 的主要区别

ERP 与 MRPⅡ 的主要区别表现在以下几个方面：

1. 在资源管理范围方面的差别

MRPⅡ 主要侧重于对企业内部人、财、物等资源的管理，而 ERP 系统在 MRPⅡ 的基础上扩展了管理范围，它把客户需求和企业内部的制造活动，以及供应商的制造资源整合在一起，形成一个完整的供应链并可对供应链上的所有环节(如订单、采购、库存、计划、生产制造、质量控制、运输、分销、服务与维护、财务管理、人事管理、实验室管理、项目管理、配方管理等)进行有效管理。

2. 在生产方式管理方面的差别

MRPⅡ 系统把企业归类为几种典型的生产方式进行管理，如重复制造、批量生产、按订单生产、按订单装配、按库存生产等，对每一种类型都有一套管理标准。而在 20 世纪 80 年代末、90 年代初期，为了紧跟市场的变化，多品种、小批量生产及看样板式生产等则是企业主要采用的生产方式，由单一的生产方式向混合型生产发展，ERP 则能很好地支持和管理混合型生产环境，满足了企业的这种多元化经营需求。

3. 在管理功能方面的差别

ERP 除了具备 MRPⅡ 系统的制造、分销、财务管理功能外，还增加了支持整个供应链上物料流通体系中产、供、销各个环节之间的运输管理和仓库管理的功能，支持生产保障体系的质量管理、实验室管理、设备维修和备品备件管理的功能，支持对工作流(业务处理流程)管理的功能。

4. 在事务处理控制方面的差别

MRPⅡ 通过计划的及时滚动来控制整个生产过程，它的实时性较差，一般只能实现事中控制；而 ERP 系统支持在线分析处理(Online Analytical Processing，OLAP)、售后服务(即质量反馈)，强调企业的事前控制能力，它可以将设计、制造、销售、运输等集成起来并行地进行各种相关的作业，为企业提供了对质量、适应变化的能力、客户满意度、绩效等关键问题的实时分析能力。

此外，在 MRPⅡ 中，财务系统只是一个信息的归结者，它的功能是将产、供、销中的数量信息转变为价值信息，是物流的价值反映；而 ERP 系统则将财务计划和价值控制功能集成到了整个供应链上。

5. 在跨国(或地区)经营事务处理方面的差别

现在，企业的发展已使得企业内部各个组织单元之间、企业与外部的业务单元之间的协调变得越来越多且越来越重要,ERP 系统应用完整的组织架构,从而可以支持跨国经营的多国家地区、多工厂、多语种、多币制应用需求。

6.在计算机信息处理技术方面的差别

随着 IT 技术的飞速发展,网络通信技术的应用,使得 ERP 系统得以实现对整个供应链信息进行集成管理。ERP 系统采用客户/服务器(C/S)体系结构和分布式数据处理技术,支持 Internet/Intranet/Extranet、电子商务(E-business 或 E-commerce)、电子数据交换(EDI)。此外,ERP 还能实现在不同平台上的相互操作。

(二)ERP 的发展

由于 ERP 代表了当代先进的企业管理模式与技术,能够解决企业所面临的提高整体管理效率和市场竞争力的问题,所以近年来 ERP 系统在国内外得到了广泛的应用。随着信息技术、先进制造技术的不断发展,企业对于 ERP 的需求日益增加,进一步促进了 ERP 技术不断地向前发展。

多数 ERP 专家认为,推动 ERP 发展主要有以下几个因素:

(1)全球化市场的形成和不断发展,以及多企业合作经营生产方式的出现,使得 ERP 支持异地企业运营、异种语言操作和异种货币交易。

(2)企业不断进行经营过程重组(Business Process Reengineering,BPR),使得 ERP 支持基于全球范围内实时的、可重构的、过程的供应链及供应网络结构。

(3)制造商需要灵活性与敏捷性以适应新的生产方式与经营实践,这使得 ERP 也必须越来越灵活的适应多种生产制造方式的管理模式。

(4)ERP 将越来越多地应用于流程工业,这会大大刺激 ERP 系统及软件的快速发展。

(5)功能越来越强大的计算机技术不断出现,将会为 ERP 提供功能越来越灵活和强大的软、硬件平台,尤其是客户/服务器分布式结构、面向对象技术与 Internet 的发展会使 ERP 的功能与性能迅速提高。

项目二

ERP 在中国——曲折的发展和普及时代的到来

自从 1981 年沈阳第一机床厂从德国工程师协会引进了第一套 MRP Ⅱ (Manufacturing Resource Planning, MRP Ⅱ, 中文含义是制造资源计划)软件以来, MRP Ⅱ/ERP 在中国的应用与推广已经历了 20 多年的风雨历程。回顾 ERP 在我国的应用和发展过程, 大致可划分为以下 4 个阶段。

一、第 1 阶段——启蒙期

这一阶段贯穿了整个 20 世纪 80 年代。主要特点是"洋为中用", 软件系统都是从国外引进的; 所引进的 MRP Ⅱ 系统的应用范围局限于传统的机械制造业, 如机床制造、汽车制造等行业。

当时, 中国刚刚进入市场经济的转型阶段, 企业的生产管理问题很多。机械制造工业人均劳动生产率大约仅为先进工业国家的几十分之一, 产品交货周期长, 库存储备资金占用大, 设备利用率低……为了改善这种落后的状况, 我国机械工业系统中一些企业, 如沈阳第一机床厂、沈阳鼓风机厂、北京第一机床厂、第一汽车制造厂、广州标致汽车公司等先后从国外引进了 MRP Ⅱ 软件。作为先驱者, 它们开始了实施应用 MRP Ⅱ 的尝试。

当时, 企业参与市场竞争的意识尚不具备或不强烈, 对于如何应用MRPⅡ作为一个竞争的工具还缺乏明确的认识。对于 MRPⅡ的原理、实施应用的方法和数据处理的逻辑都缺乏了解, 更没有经验。特别是企业的领导, 对MRPⅡ的重视程度远远不够, 在当时只是将 MRPⅡ看做一项单纯的计算机技术, 对于实施应用MRPⅡ的困难和可能出现的问题缺乏应有的估计和思想准备。

当时, 软件系统也存在许多问题。所引进的国外软件系统不仅大多是运行在大中型计算机上的、相对封闭的专用系统, 开放性、通用性差, 设备庞大, 操作复杂, 投资巨大, 系统性能提升困难, 而且没有完成软件的汉化工作, 又缺少相应的配套技术支持与服务。

在这种情况下, MRP Ⅱ 系统的实施和应用不理想也就不奇怪了。从整体上来看, 企业所得到的效益与巨大的投资, 以及当初的期望相去甚远。因此,也引发了对于 MRPⅡ的许多甚至是很尖锐的批评。但是无论如何,这些企业作为先驱者,启动了 MRPⅡ/ERP 在中国的发展历程。

二、第 2 阶段——导入期

这一阶段大致是从 1990 年至 1997 年,出现了 ERP 的概念。从名称上,人们开始更多地说 ERP,越来越少地说 MRPⅡ。在此阶段,许多国外的软件供应商纷纷涌入中国,国外的软件系统占据了主导地位。

随着改革开放的不断深化,中国的经济体制已从计划经济向市场经济转变,产品市场形势发生了显著的变化。这对传统的管理方式提出了严峻的挑战。中国企业希望革新企业管理制度和方法,希望采用新型的管理手段来增强企业的综合竞争力。我国的财务制度和市场机制也逐渐向国际化靠拢。人们在经过了一段时间的学习和探索之后,在观念上开始转变,实践上也积累了一定的经验。

另外,计算机技术也有了很大的发展,如客户服务器体系结构和计算机网络技术的推出和普及;软件系统在 UNIX 小型机/工作站上及微机平台上的扩展;软件开发趋势的通用性和开放性都使得 ERP 的应用向更深更广的范围发展。在 ERP 软件市场上,一些国外的软件公司对他们的软件产品完成了汉化工作,在开放性和通用性方面作出了许多改善。

在这个阶段,ERP 软件的实施和应用所涉及的领域已突破了机械行业而扩展到航天航空、电子与家电、制药、化工等众多行业。大多数的 ERP 用户都获得了或多或少的收益,从而以事实说明了 ERP 的有效性。

这一阶段,由于仍然是国外软件占主导地位,产品复杂,实施周期长,成本高,另外企业管理与信息化基础还比较薄弱,ERP 的用户及 ERP 的成功用户多为国外独资企业或中外合资企业。在我国,国有企业中 ERP 的用户及 ERP 的成功用户都比较少。

但是,在这个阶段有一个引人注目的动向,那就是国外 ERP 软件在中国的应用引发了中国 ERP 产业的萌芽和发展。

三、第 3 阶段——发展期

这一阶段大致是从 1997 年至 2004 年。经过了导入期的孕育、萌芽和发展,到了 1997 年,在 ERP 软件市场上出现了中国自己的品牌。特别是一些以前从事开发企业财务电算化软件的主流厂商,发挥了重要的作用。这些公司原本就有着大量的财务电算化用户,当这些用户随着形势的发展而不满足于仅仅做财务管理的时候,这些公司就把他们的财务软件转型为 ERP 产品了。

这些公司和他们用户之间的亲和力使得这些用户继续购买这些公司的 ERP 产品，或者说这些公司继续用他们的 ERP 产品帮助这些用户提升竞争力。

另外，这些软件公司从转入 ERP 领域的那一刻起，就以极大的热情开始了对 ERP 概念、方法、效益，以及作为竞争工具不可或缺的宣传。其宣传的力度和规模都是国外的软件供应商所及的。他们以自己的"言和行"推动了 ERP 在中国应用领域的大面积播种，促进了中国 ERP 产业的成长和发展。

由于 ERP 从 MRP Ⅱ 发展而来，所以它最初的应用是在制造业。但是，在这个阶段，ERP 的应用范围已从制造业扩展到分销和服务业并且由于不断地实践探索，应用效果也得到了显著提高，因而进入了 ERP 发展期。

随着市场经济的发展，中国企业面临的是一个越来越激烈的竞争环境，企业原有的经营管理方式已不适应剧烈竞争的要求。在这种情况下，ERP 受到了企业的青睐。企业可以利用 ERP 作为工具来扩大经营管理范围，紧跟瞬息万变的市场动态，参与国际大市场的竞争而获得丰厚的回报。

随着市场经济的发展，服务业也得到了充分发展的机遇。服务业的发展已成为现代经济发展的显著标志。金融业已成为现代经济的核心，信息产业日益成为现代经济的主导，这些都在客观上要求有一个具有多种解决方案的新型管理软件来计划和控制它们的资源。面对这种新的需求，ERP 顺理成章地把它的触角伸向各个行业，特别是金融业、通信业、高科技产业、零售业等。于是国外和国内的主要 ERP 软件供应商，都推出了多种行业的解决方案。其中除了传统的制造业外，还有金融业、高科技产业、邮电与通信业、能源行业（电力、石油与天然气、煤炭业等）、公共事业、商业与零售业、外贸行业、新闻出版业、咨询服务业，甚至医疗保健业和宾馆酒店等行业的解决方案，从而大大地扩展了 ERP 的应用范围。

ERP 应用范围逐渐扩大，不再限于制造业的发展趋势，既非理论家的设计，亦非中国特有的现象，这是一种市场需求驱动的结果。ERP 发展到一定的程度，理论界也会接受既成的事实。我们只要注意一下著名的《APICS 字典》的变化就可以看到这一点。

在 1995 年出版的《APICS 字典》（第 8 版）中，对于企业资源计划系统的解释是"一种以会计为导向的信息系统；该系统识别和计划企业范围内为接收、制造、发运和解决客户订单问题所需的资源。一个 ERP 系统和典型的 MRP Ⅱ 系统的区别在技术上，如图形用户接口、关系数据库，在开发中使用第 4 代语言和计算机辅助软件工程工具，客户机/服务器体系结构和开放系统的可移植性。"而且指出企业资源计划系统的同义语是"面向客户的制造业管理系统"。在 1998 年出版的《APICS 字典》（第 9 版）中，延续了同样的说法。

从以上定义可以看出,在当时还是认为 ERP 的应用范围仅限于制造业,而 ERP 和 MRPII 的区别主要是在技术上。从管理理念上来说,二者并没有显著的区别,不同的只是 ERP 明确地强调了客户。换言之,这个定义还是比较模糊的。

但是,在 2002 年出版的《APICS 字典》(第 10 版)中,情况就发生了变化。对企业资源计划系统这一词条的解释改成了两条。第 1 条解释和上面的一样;第 2 条解释则是"更一般地来说,是一种在制造、分销或服务业公司中有效地计划和控制为接收、制造、发运和解决客户订单问题所需的所有资源的方法。"而且,删除了上述关于同义语的说法;另外,除了企业资源计划系统这一词条之外,还特别增加了一个词条企业资源计划,并以上述的第 2 条解释作为这一新词条的解释。

这个新定义更像 ERP 这个名称字面上所表示的含义——ERP 所计划和控制的是企业所有的资源。而 MRP II 计划和控制的是制造资源。在另一本重要的书《物料管理导论》(Introduction to Material Management)中,也表达了同样的意思。

但是,不管怎么说,ERP 在中国的应用是越来越成熟了。在这种形势下,中国将有越来越多的企业会认同 ERP 并使用它,实现科技与管理双轮并进,企业的管理水平和经济效益将会大为提高。

特别引人注目的是,伴随着 ERP 在中国的深入发展和成熟,中国的 ERP 产业也发展、壮大起来,产品日臻成熟,服务能力快速增长,出现了可以和国外的 ERP 软件供应商相抗衡的局面。特别是在中低端市场上,中国的 ERP 软件厂商已经逐渐显露出超越国际厂商的竞争优势。ERP 系统在越来越多的企业中得到了成功的应用。

四、第 4 阶段——普及期

经历数轮管理革新浪潮的冲刷后,85％以上的国外企业都用 ERP 武装自身,ERP 已经成为国外企业商业管理的利器,成为他们的商业工具、生意方式和业务拓展最佳平台。

对中国企业来讲,虽然在二十多年的发展过程中不断进步,经历了建立在劳动力成本优势基础上的体制创新和建立在全球领先的装备现代化基础上的规模化发展,但中国企业大多没有完成信息化建设,在日趋激烈的全球一体化市场竞争中,不但无法满足外部客户持续增加的服务需求,而且无法与自己周边的竞争对手抗衡,无法形成持久的竞争力。

成功企业的管理经验总结起来,就是规范、透明、快捷、协同。应用 ERP 软件,可以帮助企业总部与各层次的分支机构之间实现动态、实时的信息交换,从而实现整个企业的纵向集成;应用 ERP 软件实现企业管理功能上的集成,把企业产、供、销、人、财、物等生产经营要素与环节集成为一个有机整体,从而实现企业业务功能的横向集成;应用 ERP 软件,可以帮助企业实现物流、资金流、信息流、工作流的高度集成和统一并使企业逐步走向虚拟、敏捷和互动的高级形态。完成信息化建设的企业,其建立在信息化手段基础上的管理制度与方法更加规范,管理流程更加合理,信息更加透明,客户响应速度更快,组织内部各单元、跨组织之间的业务协调更加顺畅。来自于国内外成功企业的诸多案例都可以证明这一点。

国家统计局最新调研数据表明,目前中国中小企业数量达到 360 万家,占全国注册法人企业总数的 95.9%,而且这个数字还在以每年 30% 的速度递增。而在如此众多的企业中,却还有 80% 左右的企业没有实现信息化管理,没有装备 ERP。

以 ERP 为工具的管理现代化浪潮正席卷而来。中国企业的未来就是已经到来的建立在企业信息化和自主研发能力基础上的国际化。正在加入全球供应链的中国企业需要 ERP,中国企业国际竞争力的形成需要 ERP。

2005 年以来,由于 ERP 概念、应用范围的普及及价格的降低,ERP 在中国的普及成为可能。因此可以说,ERP 在中国已经进入了一个普及期。

在这一阶段,企业管理与信息化基础普遍提高,国内 ERP 厂商占据了主导地位,产品易学易用,成本低,实施速度加快,成功率大大提高,并由此带动了整个产业链的发展。

项目三

ERP 能够做什么

这是一个大题目。本书大量的篇幅都在讨论这个问题。按照前面引述的《APICS 字典》(第 10 版)中的解释,ERP 是一种在制造、分销或服务业公司中有效地计划和控制为接收、制造、发运和解决客户订单问题所需的所有资源的方法。其中,在制造业中的应用是 ERP 最经典、最充分的应用。这里,我们通过讨论前面所谈到的企业的困惑(这些困惑大多来自于制造企业),来粗略地讨论 ERP 能够做什么的问题，以期大家对 ERP 的功能有一个初步的了解。

一、ERP 能够解决多变的市场与均衡生产之间的矛盾

由于企业生产能力和其他资源的限制，企业希望均衡地安排生产是很自然的事情。使用 ERP 系统来计划生产时，要做主生产计划。通过这一计划层次，由主生产计划员均衡地对产品或最终项目作出生产安排，使得在一段时间内主生产计划量和市场需求（包括预测及客户订单）在总量上相匹配，而不追求在每个具体时刻上均与市场需求相匹配。在这段时间内，即使需求发生很大变化，但只要需求总量不变，就可能保持主生产计划不变。从而，可以得到一份相对稳定和均衡的生产计划。由于产品或最终项目的主生产计划是稳定和均衡的，据此所得到的物料需求计划也将是稳定的和均衡的，从而可以解决以均衡的生产应对多变的市场的问题。

二、ERP 使得对客户的供货承诺做得更好

ERP 系统会自动产生可承诺量数据，专门用来支持供货承诺。根据产销两方面的变化，ERP 系统还会随时更新对客户的可承诺量数据。销售人员只要根据客户订单把客户对某种产品的订货量和需求日期录入 ERP 系统，就可以得到以下信息：

（1）客户需求可否按时满足。

（2）如果不能按时满足，那么在客户需求日期可承诺量是多少？不足的数量何时可以提供？

这样，销售人员在作出供货承诺时，就可以做到心中有数，从而可以把对客户的供货承诺做得更好。

三、ERP 能解决既有物料短缺又有库存积压的库存管理难题

ERP 的核心部分 MRP 恰好就是为解决这样的问题而发展起来的。MRP 是模拟制造企业的物料计划与控制的实际过程。它要回答并解决以下四个问题：

（1）要制造什么产品？

（2）用什么零部件或原材料来制造这些产品？

（3）手中有什么零部件或原材料？

（4）还应当再准备什么零部件或原材料？

这四个问题是制造企业都要回答和解决的问题。它们构成制造业的基本方程。

如果用 A、B、C、D 分别表示上述的四个问题,那么,这个方程可以表示成一个概念公式:$A \times B - C = D$。

MRP 的执行过程就是对这个基本方程的模拟:它根据主生产计划、物料清单(即产品结构文件)和库存记录,对每种物料进行计算,指出何时将会发生物料短缺,并给出建议,以最小库存量满足需求并避免物料短缺。

了解 MRP 的基本逻辑就会发现,ERP 可以解决既有物料短缺又有库存积压的库存管理难题。

四、ERP 可以提高质量并降低成本

通过 ERP 系统,人们的工作更有秩序,时间花在按部就班地执行计划上,而不是忙于对出乎意料的情况作出紧急反应。在这种情况下,工作士气提高了,工作质量提高了,不出废品,一次就能把工作做好。于是,提高生产率、提高产品质量、降低成本和增加利润都是相伴而来的事情。

五、ERP 可以改变企业中的部门本位观

ERP 强调企业的整体观,它把生产、财务、销售、工程技术、采购等各个子系统结合成一个一体化的系统,各子系统在统一的数据环境下工作。这样,ERP 就成为整个企业的一个通讯系统。通过准确和及时的信息传递,把大家的精力集中在同一个方向上,以工作流程的观点和方式来运营和管理企业,而不是把企业看做一个个部门的组合,从而使得企业整体合作的意识和作用加强了。每个部门可以更好地了解企业的整体运作机制,更好地了解本部门及其他部门在企业整体运作中的作用和相互关系,从而可以改变企业中的部门本位观。

可以说,任何企业都可以通过 ERP 得到改善,不论一个企业的管理水平多么的高,ERP 都可以使它的管理水平更高。

项目四

实施应用 ERP,全面提高企业的管理水平

有的企业担心"实施 ERP 会打乱原有的管理秩序",或者认为"企业的管理基础太差,不适宜实施应用 RP",这些担心都是不必要的。

当今，全球化竞争日趋激烈，企业的外部生存环境在发生着剧烈的变化，企业也必须随之变化。实施应用 ERP 系统，意味着企业要用一套全新的思想、方法和工具来管理企业的运作，这就要求企业的广大员工包括企业高层领导，改变传统的思维方式和工作方式适应新的要求。一位资深企业家说得好："如果企业组织内部的变化慢于外部的变化，那么失败就在眼前。"因此，实施应用 ERP 肯定会为企业带来变化。事实上，追求变化是企业生存的需要。但是，如前所述，现在已经有了一条可靠的路线，扎扎实实地按照这条路线做就不会有风险，也不会造成混乱。

在西方，企业经过不断探索，找到了 ERP，大多数企业在实施 ERP 之前，已经具有比较高的管理水平，至少都建立了现代企业制度。但是，我国的企业今天所面临的竞争形势和西方国家的企业当初所面对的竞争形势是完全不同的。我国加入 WTO 之后，企业面临的竞争更加剧烈，这使得全面提高管理水平的客观要求变得更加迫切。我国企业没有时间也没有必要去重复西方国家企业发展的历史，对于 ERP 这样一个有效的工具，我国企业不必再花时间去探索、去寻找。

面对 ERP 普及时代的到来，我们的企业不能再犹豫，不能再拖延和等待。国内外许许多多企业的实践，已经证明了 ERP 是全面提高企业管理水平的有效工具。

今天的认识水平和客观条件，都使得我国企业应当把提高企业管理水平和实施应用 ERP 结合起来，实施应用 ERP 的过程就是全面提高企业管理水平的过程。

学习情境二 ERP 为企业带来的效益

ERP 系统可以为企业带来效益。因为 MRP 最初是作为减少库存和改善客户服务水平的方法而提出来的,所以这方面的效益在大多数企业中首先引起了关注。随着 ERP 的发展,它为企业带来多方面的效益已显现出来。

ERP 起源于美国,中国的国情与美国的国情有明显的差别,但是就物质生产经营活动本身来说,中国企业和美国企业有着许多的相似之处。

它们有相似的过程。它们都要从企业外部采购原材料或零部件,在企业内部组织生产,制造出适销对路的产品,销售到国内外市场。

它们有同样的追求,如最低的库存、最短的生产周期、最合理的资源利用、最高的生产率、最低的生产成本、准确的交货日期、最强的市场适应能力,等等。

以下我们将从两个方面来讨论 ERP 为企业带来的效益,即定量的效益和定性的效益。

项目一

定量的效益

一、降低库存投资

(一)降低库存量

使用 ERP 系统之后,由于有了更合理的需求计划,使得企业可以在恰当的时间得到恰当的物料,从而可以不必保有很多的库存。根据统计数字,在使用 ERP 系统之后,库存量一般可以降低 20%～35%。

(二)降低库存管理费用

库存量降低还导致库存管理费用的降低,这些费用包括仓库维护费用、管理人员费用、保险费用、物料损坏和失盗等。库存管理费用通常占库存总投资的 25%。

(三)减少库存损耗

一方面,由于库存量减少,库存损耗也随之减少;另一方面,ERP 对库存记录的准确度有相当高的要求,为了保证库存记录的准确性,就要实行循环盘点法,从而能够及时发现造成库存损耗的原因,并及时予以消除,减少库存消耗。

【例 2-1】 假定企业年产值为 10 000 000 元;库存成本占年产值的 75%;库存维护费用占库存投资的 25%;使用 ERP 之后,每年库存周转次数提高 1 次,如表 2-1 所示(其中,未计库存损耗减少所产生的效益)。

表 2-1 使用 ERP 后降低的库存投资

说　明	产　值
总产值	10 000 000
库存成本——占总产值的 75%	7 500 000
库存投资——每年周转 2 次	3 750 000
库存投资——每年周转 3 次	2 500 000
库存投资降低	1 250 000
库存维护费用——占库存投资的 25%	2 500 000
库存维护费用降低产生的利润	312 500

二、降低采购成本

ERP 把供应商视为自己的外部工厂。通过供应商计划与供应商建立长期稳定、双方受益的合作关系。这样,既保证了物料供应,又为采购人员节省了大量的时间和精力,使其对采购工作进行有价值的分析。

采用采购计划法,既提高了采购效率,又降低了采购成本。使用 ERP,可以使采购成本降低 5%。

【例 2-2】 假定企业年产值为 10 000 000 元,采购原材料及运输费用为年产值的一半,使用之后所得到如表 2-2 所示结果。

表 2-2　使用 ERP 后降低的采购成本表

说　明	产　值
总产值	10 000 000
采购原材料及运输的费用	5 000 000
采购成本降低 5%	500 000
采购成本降低产生的利润	250 000

三、提高生产率

(一)提高直接劳力的生产率

使用 ERP 之后,由于减少了生产过程中的物料短缺,从而减少了生产和装配过程的中断现象,使直接劳力的生产率得到提高。生产线生产率平均提高 5%～10%,装配线生产率平均提高 25%～40%。

(二)提高间接劳力生产率

以 ERP 作为通讯工具,减少了文档及其传递工作,减少了混乱和重复的工作,从而提高了间接劳力的生产率。间接劳力生产率可以提高 25%。

(三)减少加班

过多的加班会严重降低生产率,还会造成过多的库存。使用 ERP,可以提前作出能力需求计划,从而减少加班。加班时间可以减少 50%～90%。

【例 2-3】　假定生产率提高用一个统一的数字来表示,即 10%,且假定直接劳力成本节约 10%,间接劳力成本节约 5%,则可算得如表 2-3 所示的结果。

表 2-3　使用 ERP 后提高生产率

说　明	产　值
总产值	10 000 000
增加产值	1 000 000
直接劳力成本节约 10%	1 000 000×0.10＝100 000
间接劳力成本节约 5%	1 000 000×0.05＝50 000
提高利润	150 000

四、提高客户服务水平

要提高市场竞争力,既要有好的产品质量,又要有高水平的客户服务。要提客户服务水平,就必须有好的产销配合。ERP 系统作为计划、控制和通信的工具,使得市场销售和生产制造部门可以在决策级及日常活动中有效地相互配合从而可以缩短生产提前期,迅速响应客户需求,并按时交货。

客户服务水平的提高将带来销售量的提高。

假定因此提高销售量 10%,那么,提高销售收入为 1 000 000 元(10 000 000×10%)。

假定利润率为 10%,则增加的利润为 100 000 元(1 000 000×10%)。

五、增加利润

根据以上分析,我们可以计算出增加的全部利润。

(1)库存投资降低产生的利润　　　　　　　　　　312 500 元

(2)采购成本降低产生的利润　　　　　　　　　　250 000 元

(3)生产率提高(直接劳力成本节约)产生的利润　　100 000 元

(4)生产率提高(间接劳力成本节约)产生的利润　　 50 000 元

(5)提高客户服务水平增加的利润　　　　　　　　100 000 元

(6)增加的利润总和　　　　　　　　　　　　　　812 500 元

六、现金总收益

根据以上分析,我们可以计算出全部的现金收益,即增加的流动资金。

(1)库存投资降低　　　　　　　　　　　　　 1 250 000 元

(2)库存投资降低产生的利润　　　　　　　　　 312 500 元

(3)降低采购成本　　　　　　　　　　　　　　 250 000 元

(4)提高生产率所带来的利润　　　　　　　　　 150 000 元

(5)提高销售量　　　　　　　　　　　　　　　 100 000 元

(6)得到的现金总收益　　　　　　　　　　　 2 062 500 元

由于客户服务水平提高,可以减少应收账款;由于信息准确、情况明确,可以更加精确地对应付账款的管理。

假定这两项产生的现金收益分别为 500 000 元和 150 000 元,那么现金总收益将增加到 2 712 500 元。

::: 项目二 :::

定性的效益

相对于定量的效益来说,定性的效益也许更为深刻。定量的效益更多地反映企业的业绩表现,而定性的效益更多地反映企业的行为实践。

一、提高工程开发效率,促进新产品开发

由于使用统一的数据库,所以很容易获取工程开发所需的数据。而且,数据恢复和维护所花的时间也大大减少。此外,又由于诸如"模块化物料清单"技术的使用,可以从根本上减少生成和维护物料清单的时间,对于客户定制的产品更是如此。可见 ERP 提高了工程开发的效率,从而有助于新产品的开发。尤其对于那些引入新产品较多的企业。

一些企业反映,过去 85％的产品具有 10 年以上的生产历史,而使用 ERP 之后,85％以上的产品是投产不到 3 年的新产品,可见明显加快了产品更新换代的步伐。

二、提高产品质量

在 ERP 环境下,企业的员工在自己的岗位上按部就班地按统一的计划做着自己的工作,使得企业的生产摆脱了混乱秩序和物料短缺问题,可以井井有条地进行着。企业的工作质量提高了,产品质量肯定会得到提高。事实上,ISO 9000 系列所认证的正是企业的工作质量。对于标准 MRP Ⅱ 系统来说,并不要求有质量管理模块,但是,MRP Ⅱ 可以和 ISO 9000 相辅相成却是不争的事实。而对于 ERP 来说,质量管理则是其必要的功能。因此质量管理有了技术上的保证。

三、提高管理水平

ERP 系统的应用,使得信息的传递和获取更准确、更及时,使得管理人员能够提前把握住企业运营的发展趋势,从而赢得了时间,可以去做他们该做的

事情,使管理更有效。

把 ERP 作为整个企业的通信系统,加强企业整体合作的意识和作用。通过准确和及时的信息传递,把大家的精力集中在同一个方向上,以工作流程的观点和方式来运营和管理企业,而不是把企业看做是一个一个部门的组合。在这种情况下,特别是在市场销售和生产制造部门之间可以形成从未有过的、更深层次的合作,共同努力满足客户需求,赢得市场。

四、为科学决策提供依据

通过 ERP,把经营规划、销售与运作规划这样的高层管理计划分解转换为低层次的各种详细的计划。这些计划要由企业的每个员工去遵照执行。因此,将这些计划合在一起,企业的所有员工执行的是一个统一的计划。以统一的计划指导企业的运作,上层的变化可以灵敏地传递到下层,而下层的情况也可以及时地反馈到上层。ERP 系统的使用,使得有计划、有控制的管理成为可能。

五、充分发挥人的作用

生产率的最大提高来自于充分利用人的资源。

应用 ERP 系统,不但为全面提高企业管理水平提供了工具,而且也为全面提高员工素质提供了机会。二者相辅相成、相互促进。从根本上说,生产率的提高,不是来自于工具,而是来自于使用这些工具更有效地工作的人。ERP系统只有和对其有充分理解并努力工作的人相结合,才能提高生产率。从根本上说,ERP 的成功来自于企业全体员工的理解和努力。因此,生产率的提高应归功于使 ERP 系统很好地运转起来的人。

六、提高企业生活质量

每一个成功的 ERP 用户都反映他们企业的生活质量得到了明显的改善。这方面的收益,几乎是出乎预料的。其实原因很简单:好的运营计划使公司的整体工作协调起来;执行一个协调的运营计划当然要比被一个混乱的计划所驱使要愉快得多。

总之,ERP 给企业带来的许多变革,主要表现在体制与观念上。实施ERP,首要的是要学习先进的管理思想,只有企业内部对 ERP 所代表的先进管理思想有充分认识,才能加强企业上下级之间、各部门之间、企业与 ERP 软件厂商和管理咨询公司之间的沟通和协作,共同把 ERP 实施工作做好。

七、潜在影响

美国的汽车制造企业常常花费大量的航空运费,其中大部分是由于计划调度问题而造成的。

一个汽车制造企业不能因零件短缺而承受关闭生产线的损失,因此,往往发一紧急订货并空运提货。于是,作为一个糟糕的计划和不准确的库存记录的代价就从货运费单上表现出来。当一个企业的生产已经落后于计划,而相应的合同中又有着误期罚款的条款时,为了保证按时交货,可能只好不惜重金空运交货。

上述运费问题,通过 ERP 的应用得到解决。这是人们开始不曾预料和期望的。

这样的潜在影响还存在于其他许多方面。例如,一家制药公司使用 ERP 系统之后减少报废达 80%,减少分销成本(包括运输成本)达 15%。其实原因只在于有了好的计划和控制工具。

一家公司的总裁说:“当管理人员有时间去为解决真正的问题而工作,而不是忙于‘救火’时,企业的各个方面都能得到改善。”

八、提供更多的就业机会

在过去的 10~15 年中,美国的高技术产业生产率的提高比其他产业快 2 倍,雇员的增加快 9 倍。美国的制造业为美国社会提供了 18% 的就业机会,雇员人数达到 2 000 万人。而且每 1 000 个制造业的就业机会就能增加 700 个非制造业的就业机会。最好的就业前景是在生产率提高最快的产业之中。因此,ERP 在提高制造业生产率、促进制造业发展的同时,也为社会带来了更多的就业机会。当然,这已经是为社会而不仅仅是为一个企业带来的效益。

项目三

ERP 应用实例

一、ERP 应用实例一

国内某医药(集团)有限公司是一家有着 80 余年历史的医药制剂生产厂商,拥有各种品种及规格的产品 300 余种。由于该企业生产品种繁多,工艺过程复杂,物流存储流转环节多,涉及面广,管理难度很大。为此,该企业在贯彻执行 GMP 和企业的运作管理方面一直在苦苦寻找一条可以提高企业管理能级的新路,以便在日益激烈的市场竞争中为企业创造一个良好的发展空间,可以持续发展。企业领导层经专题研究,最后一致认为必须实施 ERP,对企业进行全面的管理。

在实施 ERP 的短短 6 个月内,企业便取得了以下的巨大成绩:

(1)用最低的费用在较短的时间实现了管理上的突破,实现了国内医药生产企业前所未有的成功。

(2)该厂共有员工 400 多人,实现电脑化操作的员工达 200 多人,普及率达 60％以上,"让每个员工都会用,这才叫真正的成功"。

(3)从试验运行到正式验收会议结束短短的 3 个月内,共及时发现质量事故 12 起。更为重要的是,通过信息化整改,纠正了大量的质量管理漏洞,并优化了质量管理流程。

(4)单批药品物料生产成本从最初的超出定额几千元迅速降到了目前的几十元,质量效益不可低估。

(5)物料采购成本大幅降低,物料采购质量同时达到了历史最好水平。

(6)企业生产效率呈现几十倍的能级跨越,使企业产量迅速成倍扩张。

二、ERP 应用实例二

美国的一家塑料公司使用 ERP 系统后各项成本得到降低,如表 2-4 所示。

表 2-4　使用 ERP 前后成本情况一览表

成本项目	使用 ERP 前	使用 ERP 后	每年节省
计算机支持、运行和维护	94 000	38 000	56 000
计算机硬件	62 000	7 000	55 000
计算机开发	74 000	30 000	44 000
采购/物流	525 000	210 000	315 000
制造费用	729 000	120 000	609 000
局部人员服务费用	1 260 000	840 000	420 000
库存费用	299 000	117 000	182 000
年成本总和	3 043 000	1 362 000	1 681 000

随着企业规模的扩大，原来的一些固有的模块功能已不能够适应企业在生产计划、生产物料分析、生产成本计算等方面日益复杂的管理需要。

ERP 实现了根据销售订单生成生产计划，根据 BOM 分解成生产任务和用料需求，产生用料计划，并对照库存自动产生采购计划；生产用料定额实现多级 ERP 运算，满足复杂产品的物料需求计划分析，完善半成品的生产过程管理。特别是对像该公司这样的塑料企业，公司的原材料、半成品、产成品的品种多达 12 280 余种，管理起来相当烦琐，ERP 有效地解决了该公司的实际问题。

同时，ERP 延续了易学、易用的特色，采用更人性化的界面，Web 风格的导航图、模块操作的自动记忆功能，以及随处可见的帮助功能，充分满足了用户的需求与操作习惯。

实施 ERP 后，显著地降低了公司的生产成本和各项费用支出，节省了资金。同时，ERP 软件所提供的强大的销售管理、采购管理、生产管理、库存管理等报表功能，可及时地为管理者提供企业运行状况的实时数据，也为企业建立了一个科学的管理模式，提高了公司的整体管理水平。

具体地说，实施 ERP 后的情况如下：

(1)运用 ERP 管理思想和计算机系统，使管理和业务流程得到了规范和优化。

(2)夯实了管理基础，规范和统一了基础数据，实现了数据共享。

(3)实现了物流、资金流、信息流的统一，使物料变化的同时，资金形态的变化也随之得到反映。

(4)使物料管理的透明度大大增加，从而压缩了库存资金，减少了采购费用。规范了生产计划管理，理顺了物流，使计划细化到以日为单位。

(5)为管理人员摆脱简单、重复的劳动提供了工具，为管理人员从事更高层次的管理活动创造了条件。

（6）培养和锻炼了一批既懂计算机知识又懂管理的专业人才，使职工素质得到明显提高。

（7）为企业持续不断地改进工作提供了工具。

（8）ERP 项目的实施，绝不仅是实施一个计算机系统，最重要的是通过引进、消化、吸收 ERP 管理思想和原理，全面提高企业的管理水平，使企业在竞争中立于不败之地。

项目四

中小企业 ERP 选型

一、公司简介

某企业是国家某重点钢铁集团的下属公司，拥有冶炼工程施工、钢结构工程、起重设备安装工程等承包一级资质，拥有各种大型工程设备。该企业主要从事大型土石方、地基处理、工业建筑施工、工业机电设备安装调试与检修等业务，年施工能力上亿元。

该企业除了按照项目设置有基础工程处、土方工程处、机电工程处等机构外，还建有一个轻钢厂，可对钢材进行二次加工。此外，该企业还有涉及物资出入的机构，主要包括混凝土公司、物资供应站、综合服务站等单位。

对于这样一个中型工程企业来说，其物料管理是否科学，将对其运行成本和全年的绩效产生很大的影响。于是，在对 ERP 进行一番调研之后，公司领导决定使用 ERP。

二、项目定位

在 ERP 项目立项之初，一定要对项目作出既明确又准确的定位。实践证明，正确的定位对项目选型乃至项目实施都可以起到积极的指导作用，直接影响到项目的实施效果。项目定位主要围绕"是管理项目还是 IT 项目"这一问题展开。这是关于 ERP 项目的本质性认识问题。

　　ERP 项目本质上是一个管理项目,而不是纯粹的 IT 项目,它的导入和实施会涉及企业管理的方方面面,需要对企业传统管理模式、业务流程、作业方式和作业习惯进行系统整合,以企业管理系统的再思考和不断完善为主线,而不是以现有管理模式、业务流程、作业方式甚至习惯的计算机实现为主线。

　　在项目定位后,选型就有了两个基本要求:一是要求能够实现相应的效果;二是希望厂商有一定的名气。选型由此开始,结果就局限在几家大的厂商中。

三、产品选型

　　在正式选型之前,应对企业自身的需求有大致的了解,即评估一下自身的实施基础,以确定选型的方向。例如,选择大型系统还是中小型系统,自主开发还是联合开发,选择国外产品还是国内产品,等等。一般来说,对于中小型企业来说,如果在管理上还没有形成固定模式,仍应以中小型软件为主要考虑对象;对于仍处于起步阶段的或者希望通过 ERP 改进企业管理的企业来说,如果业务重点在生产、计划方面,国外的中小型软件相对比较成熟,并且一般也提供二次开发平台和各种接口以满足日后功能扩展的需要;如果业务重点在进、销、存和财务总账方面,则国内软件已经具备这方面的实力,且国内软件具有本土化和易维护的优点,不失为一种较佳的选择。

　　在选择方向确定后,就可以着手与 ERP 供应商们进行广泛地接触,对其提供的软件产品和服务进行评价。软件产品评价的标准主要有:软件产品的功能,即产品是否能满足企业管理上的需求,以及满足到何种程度,对于部分特殊的需求,是否有针对性的解决方案;软件产品的成熟程度;产品的可扩展性;系统的人性化程度,等等。

　　对软件的供应商的评价主要包括以下几个方面:

　　(1)软件供应商的顾问实施力量。对于一个管理项目而言,实施顾问的管理背景和合理的知识结构、丰富的项目经验是非常重要的。企业实施顾问应具备企业一线管理的经验,对企业的业务和管理运作非常熟悉,有过在国际大公司任职的经历及多年的 ERP 项目实施经验,而不是以具有 IT 背景的人员作为实施主力。

　　(2)软件供应商的行业经验。在供应商目前实施的客户中,是否有与本公司生产和业务管理及实施基础等方面相似的类型,这可以为成功导入项目提供强有力的支持。

　　(3)供应商的合作态度和合作诚意。

(4)科学、系统的实施方法论。供应商是否能够提供完整的实施方法论体系,作为双方项目导入和实施工作的指导。好的系统必须要在科学的方法论体系的指导下实施,才有可能取得真正的成功。

四、选型时的误区

企业在选型过程中,普遍存在以下几个误区:

(1)对自身的需求与基础缺乏认识,盲目追求形式,目标不明确。

(2)高层领导对选型工作不关心、不表态、不参与,从而导致选型工作的滞后。

(3)在制订选型标准时,不要过于相信品牌的力量,要请一线的业务骨干参与到选型工作中。

(4)对 ERP 项目的实施抱以过高的期望,规划过于全面而脱离实际。

学习情境三　ERP 沙盘模拟简介

企业资源包括厂房、设备、资金、人员，甚至还包括企业上下游的供应商和客户等。企业资源计划的实质就是如何在资源有限的情况下，合理安排生产，力求做到利润最大、成本最低。可以说，企业的生产经营过程也是对企业资源的管理过程。

模拟说明了我们面对的不是一个真正的企业形象，而是具备了真实对象所拥有的主要特性的模拟对象。

ERP 沙盘模拟是在充分调研了 ERP 培训市场需求的基础上，汲取了国内外咨询公司和培训机构的管理训练课程精髓而设计的企业经营管理实训课程。"ERP 沙盘模拟"课程的展开就是针对一个模拟的企业，把该模拟企业的环节，即战略规划、资金筹集、市场营销、产品研发、生产组织、物资采购、设备投资与改造、财务核算与管理等几个部分设计为"ERP 沙盘模拟"课程的主体内容，把企业运营所处的内外部环境抽象为一系列的规则，由受训者组织成 6 个相互竞争的模拟企业，通过模拟企业 6 年的经营，使受训者在分析市场、制订战略、营销策划、组织生产、财务管理等一系列活动中，参悟科学的管理规律，全面提升管理能力。

ERP 沙盘模拟解析

一、ERP 沙盘模拟的概念

ERP(Enterprise Resource Planning)是企业资源规划的简称。ERP 模拟沙盘是针对代表先进的现代企业经营与管理技术——ERP(企业资源计划系统),设计的角色体验的实验平台。ERP 模拟沙盘教具主要包括:六张沙盘盘面,代表六个相互竞争的模拟(模拟说明了我们面对的不是一个真正的企业形象,而是具备了真实对象所拥有的主要特性的模拟对象)企业。企业资源包括了厂房、设备、资金、人员,甚至还包括企业上下游的供应商和客户等。企业资源计划的实质就是如何在资源有限的情况下,合理安排生产,力求做到利润最大,成本最低。可以说,企业的生产经营过程也是对企业资源的管理过程。

模拟沙盘按照制造企业的职能部门划分了职能中心,包括营销与规划中心、生产中心、物流中心和财务中心。各职能中心涵盖了企业运营的所有关键环节:战略规划、资金筹集、市场营销、产品研发、生产组织、物资采购、设备投资与改造、财务核算与管理等几个部分为设计主线,把企业运营所处的内外环境抽象为一系列的规则,由受训者组成六个相互竞争的模拟企业,模拟企业 5—6 年的经营,通过学生参与→沙盘载体→模拟经营 →对抗演练→讲师评析 → 学生感悟等一系列的实验环节,其融和理论与实践一体、集角色扮演与岗位体验于一身的设计思想,使受训者在分析市场、制定战略、营销策划、组织生产、财务管理等一系列活动中,领略科学的管理规律,培养团队精神,全面提升管理能力。同时,也对企业资源的管理过程有一个实际的体验。

二、"ERP沙盘模拟"课程的内容及特点

(一)"ERP沙盘模拟"课程的内容

1. 企业整体经营战略

"ERP沙盘模拟"课程能制订企业长、中、短期经营战略;评估企业内部资源与外部环境;预测市场趋势、调整既定战略。

2. 产品研发决策

通过"ERP沙盘模拟"课程能制订产品研发决策,修正产品研发计划,甚至中断项目决定等。

3. 生产经营决策

这主要包括:制订选择生产设备决策;设备更新与生产线改良决策;生产计划、生产数量调度等。

4. 市场营销与销售决策

这主要包括:制订市场开发决策;新产品开发、产品组合与市场定位决策;模拟企业在市场中短兵相接的竞标过程;刺探同行商情,抢攻市场;建立并维护市场地位,必要时做退出市场决策。

5. 财务决策

这主要包括:制订企业中长期、短期资金需求计划,寻求资金来源;掌握资金来源现金用途,妥善控制成本;制订投资计划,评估应收账款金额与回收期;分析财务报表、掌握报表重点与数据含义;运用财务指标进行内部诊断,协助管理决策;如何以有限资金扭亏为盈、创造高利润;编制财务报表、结算投资报酬、评估决策效益。

6. 团队协作与沟通能力

这主要包括:通过"ERP沙盘模拟"课程能实地学习如何在立场不同的部门间沟通协调;培养不同部门人员的共同价值观与经营理念;建立以整体利益为导向的组织团队。

(二)"ERP沙盘模拟"课程的特点

1. 生动有趣

传统的企业管理课程一般比较枯燥,通过沙盘模拟实际企业环境进行教学非常生动有趣。过去的企业管理课程大多是由老师照本宣科地教学,学生

边听边记,再结合一些实际企业案例。而在沙盘模拟教学中,学生能亲自动手模拟企业运营,体验企业经营管理过程,生动有趣。

2. 体验实战

"ERP 沙盘模拟"课程是让学生通过"做"来"学",每位学生以实际参与的方式亲自体验企业商业运作的方式。这种体验式教学能使学生学会收集信息并在将来应用于实践。

3. 团队合作

"ERP 沙盘模拟"课程将学生分成 4～6 组,每组代表一个虚拟公司,每组 4～5 人,分别担任公司的重要职位(CEO、CFO、市场总监、生产总监等)。当学生在模拟企业实际运营过程中,要经常进行沟通、协商,这样能培养学生的沟通协调能力,并能学会团队合作。

4. 看得见,摸得着

"ERP 沙盘模拟"课程将企业结构和管理的操作全部展示在模拟沙盘上,把复杂、抽象的经营管理理论以最直观的方式让学生体验、学习,能使学生对所学内容理解更透,记忆更深。

5. 想得到,做得到

传统的企业管理教学中,学生的一些想法和理念只能是想想而已,而"ERP 沙盘模拟"课程却能让学生把自己的想法和经营理念在 4～5 天的企业模拟经营中来充分体验,并能看到自己的经营决策产生的实际效果,从而充分发挥学生的聪明才智。

三、组织准备工作

组织准备工作是 ERP 沙盘模拟的首要环节。

组织准备工作的主要内容包括三项:

首先是学员分组,每组一般为 5～6 人,这样全部学员就组成了六个相互竞争的模拟企业(为简化起见,可将六个模拟企业依次命名为 A 组、B 组、C 组、D 组、E 组、F 组)。

然后进行每个角色的职能定位,明确企业组织内每个角色的岗位责任,一般分为 CEO、营销总监、运营总监、采购总监、财务总监等主要角色。当参与人数较多时,还可以适当增加商业间谍、财务助理等辅助角色。在几年的经营过程中,可以进行角色互换,从而体验角色转换后考虑问题的出发点的相应变化,要学会换位思考。特别需要提醒的是:诚信和亲身实践。诚信是企业的生命,是企业生存之本。在企业经营模拟过程中,不要怕犯错误,学习的目的就是为了发现问题,努力寻求解决问题的手段。在学习过程中,谁犯的错误越多,谁的收获也就越大。

最后,小组讨论也是必要的,在模拟运营过程中要召开小组会议讨论一些必要的方案,对于企业运营有很大的影响。在模拟运营中更要注重礼仪,不得大声喧哗,不得做与课程无关的事情。

四、基本情况描述

对企业经营者来说,接手一个企业时,需要对企业有一个基本的了解,包括股东期望、企业目前的财务状况、市场占有率、产品、生产设施、盈利能力等。基本情况描述以企业起始年的两张主要财务报表(资产负债表和利润表)为基本索引,逐项描述了企业目前的财务状况和经营成果,并对其他相关方面进行补充说明。

五、市场规则与企业运营规则

企业在一个开放的市场环境中生存,企业之间的竞争需要遵循一定的规则。综合考虑市场竞争及企业运营所涉及的方方面面,简化为以下七个方面的约定:

(1)市场划分与市场准入。
(2)销售会议与订单争取。
(3)厂房购买、出售与租赁。
(4)生产线购买、转产与维修、出售。
(5)产品生产。
(6)产品研发与 ISO 认证。
(7)融资贷款与贴现。

六、企业初始状态

ERP沙盘模拟不是从创建企业开始的,而是接手一个已经运营了3年有一定资金积累的企业。虽然已经从基本情况描述中获得了企业运营的基本信息,但还需要把这些枯燥的数字活生生地再现到沙盘盘面上,由此为下一步的企业运营做好铺垫。通过初始状态设定,可以使学员深刻地感觉到财务数据与企业业务的直接相关性,理解到财务数据是对企业运营情况的一种总结提炼,为今后"透过财务看经营"做好观念上的准备。

七、企业经营竞争模拟

企业经营竞争模拟是 ERP 沙盘模拟的主体部分,按企业经营年度展开。

经营伊始,通过商务周刊发布市场预测资料,对每个市场、每个产品的总体需求量、单价、发展趋势作出有效预测。每一个企业组织在市场预测的基础上讨论企业战略和业务策略,在 CEO 的领导下按一定程序开展经营,作出所有重要事项的经营决策,决策的结果会从企业经营结果中得到直接体现。

八、ERP 沙盘模拟的经营周期

ERP 沙盘模拟 4~6 年的经营周期,每个周期经历以下四个阶段:

(1)组建团队,确定企业宗旨、远景目标、角色定位或角色轮换。

(2)根据市场信息和竞争规则确定"公司"发展策略,制订经营计划和生产规模(涉及经营环境分析、企业竞争力评估、竞争对手分析、资源有效配置、高效团队的分工与合作)。

(3)模拟企业生产运营,参与市场竞争,争取客户订单,设计研发产品,招聘人员,组织生产,编制周期财务报表等。

(4)结算经营成果,编制财务报表,进行财务分析,总结经验教训。教师分析点评,解读财务要点。各公司调整经营方针,转入下期经营,进入新一轮的竞争。

项目二

沙盘价值分析

ERP 沙盘模拟课程一经推出,就以其科学、简易、使用、趣味的设计为大家所关注,其体验式教学方式成为继传统教学及案例教学之后教学创新的典范。ERP 沙盘模拟课程可以强化受训者的管理知识、训练管理技能,全面提高受训者的综合素质。其融合理论与实践于一体、集角色扮演与岗位体验于一身的设计思路新颖独到,使受训者在参与、体验中完成了从知识到技能的转化。

一、拓展知识体系,提升管理技能

传统教育划分了多个专业方向,专业壁垒禁锢了学习者的发展空间和思维方式。ERP 沙盘模拟是对企业经营管理的全方位展现,通过学习,可以使受训者在以下方面获益。

（一）战略管理

成功的企业一定有着明确的企业战略，包括产品战略、市场战略、竞争战略及资金运用战略等。从最初的战略制订到最后的战略目标达成，经过几年的迷茫、挫折、探索，受训者将学会运用战略的眼光看待企业的业务和经营，保证业务与战略一致，在未来的工作中更多地获取战略性成功而非机会性成功。

（二）营销管理

市场营销就是企业用价值不断来满足客户需求的过程。企业所有的行为与资源，无非是要满足客户的需求。模拟几年的市场竞争对抗，受训者将学会如何分析市场，关注竞争对手，把握消费者需求，制订营销战略，定位目标市场，制订并有效实施销售计划，达成企业战略目标。

（三）生产管理

我们把采购、生产管理、质量管理统一纳入到生产管理领域，则新产品研发、物资采购、生产运作管理、品牌建设一系列问题背后的一系列决策自然地呈现在学者面前，它跨越了专业分割，部门壁垒。学习者将充分运用所学知识，积极思考，在不断的成功与失败中获取新知。

（四）财务管理

在沙盘模拟过程中，团队成员将清晰掌握资产负债表、利润表的结构；掌握资本流转如何产生损益；通过"杜邦模型"解读企业经营的全局；预估计算资金需求，以最佳方式筹资，控制融资成本，提高资金使用效率；理解现金流对企业经营的影响。

（五）人力资源管理

从岗位分工、职位定义、沟通协作、工作流程到绩效考评，沙盘模拟中每个团队经过初期组建、短暂磨合、逐渐形成团队默契，完全进入协作状态。在这个过程中，各自为战导致的效率低下、无效沟通引起的争论不休、职责不清导致的秩序混乱等情况使学员们深刻理解了局部最优不等于总体最优，学会了换位思考。在组织的全体成员有共同愿景，朝着共同的绩效目标，遵守相应的工作规范，彼此信任和支持的氛围下，企业更容易取得成功。

（六）基于信息管理的思维方式

通过 ERP 沙盘模拟，使受训者真切地体会到构建企业信息系统的紧迫性。企业信息系统如同飞行器上的仪表盘，能够时刻跟踪企业运行状况，对企业业务运行过程进行控制和监督，及时为企业管理者提供丰富的可用信息。通过沙盘信息化体验，受训者可以感受到企业信息化的实施过程及关键点，合理规划企业信息管理系统，为企业信息化做好观念和能力上的铺垫。

二、提高受训者的综合素质

全面提高受训者的综合素质训练，使受训者在以下方面获益：

（一）树立共赢观念

市场竞争是激烈的，也是不可避免的，但竞争并不意味你死我活。寻求与合作伙伴之间的双赢、共赢才是企业发展的长久之道。这就要求企业彼此知己，在市场分析、竞争对手分析上做足文章，在竞争中寻求合作，企业才会有无限的发展机遇。

（二）全局观念与团队合作

通过 ERP 沙盘模拟对抗课程的学习，受训者可以深刻体会到团队协作精神的重要性。在企业运营这样一艘大船上，CEO 是舵手、CFO 保驾护航、营销总监冲锋陷阵……在这里，每一个角色都要以企业总体最优为出发点，各司其责，相互协作，才能赢得竞争，实现目标。

（三）保持诚信

诚信是一个企业的立足之本，发展之本。诚信原则在 ERP 沙盘模拟课程中体现为对"游戏规则"的遵守，如市场竞争规则、产能计算规则、生产设备购置及转产等具体业务的处理。保证诚信是受训者立足社会、发展自我的基本素质。

（四）个性与职业定位

每个个体因为有不同的个性而存在，这种个性在 ERP 沙盘模拟中显露无遗。在分组对抗中，有的小组轰轰烈烈，有的小组稳扎稳打，还有的小组则不知所措。虽然，个性特点与胜任角色有一定的关联度，但在现实生活中，很多人并不是因为"爱一行"才"干一行"的，更多的情况是需要大家"干一行"就"爱一行"的。有利于帮助同学们找到人生目标。

（五）感悟人生

在市场的残酷与企业经营风险面前，是"轻言放弃"还是"坚持到底"，这不仅是一个企业可能面临的问题，更是在人生中不断需要抉择的问题，经营自己的人生与经营一个企业具有一定的相通性。

三、实现从感性到理性的飞跃

在ERP沙盘模拟课程中，学习者经历了一个从理论到实践再到理论的上升过程，把自己亲身经历的宝贵实践经验转化为全面的理论模型。参与者借助ERP沙盘推演自己的企业经营管理思路，每一次基于市场的案例分析及基于数据的分析的企业诊断，都会使参与者恍然大悟，达到磨练其商业决策敏感度，提升决策能力及长期规划能力的目的。

项目三

沙盘教具简介

手工沙盘模拟实训以一套教具为载体，以生产企业的运营为依据，模拟再现出企业的经营运转情况。在沙盘模拟实训中模拟企业共运营6年，基本计时单位为1Q，也就是1个季度，和现实企业经营一样，每年共分为4个季度。此处以用友ERP沙盘为例简要介绍一下教具内容。

沙盘盘面按照制造业职能划分为营销与规划中心、生产中心、物流中心和财务中心，浓缩了企业经营管理的全过程，各个职能涵盖了企业管理的各项工作任务，具体构成如表3-1所示。

表 3-1　沙盘教具简介表

职能中心划分	企业运营的任务环节	主要内容	简要说明	备　注
营销与规划中心	市场营销规划	市场开拓	企业可开发的市场有区域、国内、本地、亚洲、国际 5 个市场	足额缴纳开拓费用后，领取相应的市场准入资格证。资格标识如图 3-6 所示
		产品研发	企业可开发 P1、P2、P3、P4 等多种产品	产品研发投资完成，换取相应产品种类生产资格证。资格标识如图 3-7 所示
		ISO认证	企业可进行 ISO 9000 的质量体系认证和 ISO 14000 的环境体系认证	认证投资完成后换取相应的资格认证。资格标识如图 3-8 所示
生产中心	组织产品生产	大小两座厂房	沙盘设计了一个大厂房可放 6 条生产线，一个小厂房可放 4 条生产线	购买厂房要投放相应价值的现金，租赁厂房要定期支付租金
		生产线标识	企业可选择手工、半自动、全自动、柔性 4 种类型的生产线	不同生产线生产效率不同，购买生产线要显示其净值，并且定期折旧
		产品标识	各种生产线在建立时应确定生产产品的类型，产品共有 P1、P2、P3、P4 等 4 种类型	把产品标识放在生产线相应位置，一条生产线只能同时有一种在制产品

职能中心划分	企业运营的任务环节	主要内容	简要说明	备　注
物流中心	采购管理库存管理	采购提前期采购成本	四种原材料,R1、R2、R3、R4,各原材料采购提前期不同,价格均为1 M(1 M=100万元人民币)	不同颜色的彩币代表不同原材料。原材料标识如图3-9所示
		原材料库	盘面上标注 R1、R2、R3、R4 的地方,分别用于存放相应种类的原材料	如图 3-10 所示
		原料订单	原料订货用相应数量的空桶放在不同订单位置表示	采购前一定要按周期下订单,发出订货需求。如图 3-10 左部分
		产品库	P1、P2、P3、P4 分别存放在相应种类的产成品库中	如图 3-10 右部分所示
财务中心	财务管理会计核算	现金库	用于放置现金	现金用灰色币(简称"灰币")表示,每个币代表 1 M。如图3-11中间现金部分
		银行贷款	将贷款金额写在纸条上,纸条放在空桶内。将空桶放在相应的贷款位置上	长贷按年,短贷按季。如图 3-11 左边长期贷款部分
		应收/应付账款	将与应收款数额相等的灰币放在对应期限的位置上	严格按账期兑现,应收款可以贴现。如图 3-11 右边应收账款部分
		综和费用	标示各种经营费用损耗内容	将实际发生的费用额置于相应位置

图 3-6 市场准入标识

图 3-7 生产资格标识

图 3-8 生产线标识

图 3-9 原材料

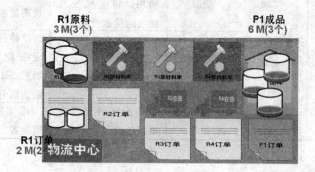

图 3-10 物流中心

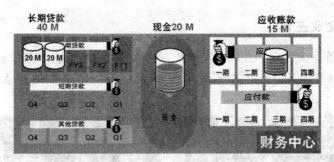

图 3-11　财务中心

人员组织准备

一、教学主体

任何学科的教学都离不开教师，教师永远是课堂的灵魂。在"ERP 沙盘模拟"课程中，作为教学主体的教师，其角色随着课程阶段在发生变化，并引导课程的顺利进行，如表 3-2 所示。

表 3-2　课程的不同阶段教师所扮演的角色

课程阶段	具体任务	教师角色	学生角色
组织准备工作		引导者	认领角色
基本情况描述		企业旧任管理层	新任管理层
企业运营规则		企业旧任管理层	新任管理层
初始状态设定		引导者	新任管理层
企业经营竞争模拟	战略制订	商务、媒体信息发布	角色扮演
	融资	股东、银行家、高利贷者	角色扮演
	订单争取、交货	客户	角色扮演
	购买原料、下订单	供应商	角色扮演
	流程监督	审计	角色扮演
	规则确认	咨询顾问	角色扮演
现场案例解析		评论家、分析家	角色扮演

二、企业主体

高级管理人才是企业的无形资产,是企业第一生产力,本课程企业主体有总经理、财务主管、营销主管、生产主管、供应主管,他们的职责如图 3-12 所示。

总经理	财务主管	营销主管	生产主管	供应主管
● 制定发展战略	● 日常财务记账和登账	● 市场调查分析	● 产品研发管理	● 编制采购计划
● 竞争格局分析	● 向税务部门报税	● 市场进入策略	● 管理体系认证	● 供应商谈判
● 经营指标确定	● 提供财务报表	● 品种发展策略	● 固定资产投资	● 签订采购合同
● 业务策略制定	● 日常现金管理	● 广告宣传策略	● 编制生产计划	● 监控采购过程
● 全面预算管理	● 企业融资策略制定	● 制定销售计划	● 平衡生产能力	● 到货验收
● 管理团队协同	● 成本费用控制	● 争取定单与谈判	● 生产车间管理	● 仓储管理
● 企业绩效分析	● 资金调度与风险管理	● 签订合同与过程控制	● 产品质量保证	● 采购支付决策
● 业绩考评管理	● 财务制度与风险管理	● 按时发货应收款管理	● 成品库存管理	● 与财务部协调
● 管理授权与总结	● 财务分析与协助决策	● 销售绩效分析	● 产品外协管理	● 与生产部协同

图 3-12　企业主体的职责

项目五

模拟企业介绍

一、企业的经营状况

这里模拟的是一个生产制造企业。为了避免学员将该模拟企业与他们所熟悉的行业产生关联,因此本实训中生产制造的产品是一个虚拟的产品,即 P 系列产品:P1、P2、P3 和 P4。该企业长期以来一直专注于某行业 P 产品的生产与经营,目前生产的 P1 产品在本地市场知名度很高,客户也很满意。同时,企业拥有自己的厂房,生产设施齐备,状态良好。最近,企业邀请一家权威机构对该行业的发展前景进行了预测，认为 P 产品将会从目前的相对低技术水平产品发展为一个高技术产品。为了适应技术发展的需要，公司董事会及全体股东决定将企业交给一批优秀的新人（模拟经营者）去发展，新的管理团队必须创新思维，专注经营，才能不辜负公司董事会及全体股东的期望，实现良好的经营业绩。

二、企业的经营环境

目前，国家经济状况发展良好，消费者收入稳步提高，P 行业将迅速发展。然而该企业生产制造的产品几乎全部在本地销售，董事会和股东认为在本地以外及国外市场上的机会有待利用，希望新的管理层去开发这些市场。同时，产品 P1 在本地市场知名度很高，客户很满意，然而要保持市场地位，特别是进一步提升市场地位，企业必须投资于新产品开发，目前已存在一些处于研发中的新产品的项目。在生产设施方面，目前的生产设施状态良好，但是生产效率不高。为了生产 P 系列的高技术产品和提高生产效率，预计必须投资额外的生产设施。具体方法可以是建新的生产线或对现有的生产设施进行改造。在行业发展状况方面，P1 产品由于技术水平低，虽然近几年需求较旺，但未来将会逐渐下降。P2 产品是 P1 产品的技术改进产品，虽然技术优势会带来一定销量的增长，但需求最终会下降。P3、P4 产品为全新技术产品，发展潜力很大。这是一家权威的市场调研机构对未来 6 年内各个市场需求的预测，应该说这一预测有着很高的可信度。P1 产品是目前市场上的主流产品，P2 产品作为 P1 产品的技术改进产品，也比较容易获得大众的认同。P3 产品和 P4 产品作为 P 系列产品里的高端技术产品，各个市场对它们的认同度不尽相同，需求量与价格也会有较大的差异。下面我们根据不同的目标市场进行详细分析。

（一）本地市场分析

如图 3-13 所示（左图纵坐标表示消费者对产品需求的数量，横坐标表示企业经营的年份；右图纵坐标表示 P 系列产品的价格，横坐标表示企业经营的年份），本地市场将会持续发展，客户对低端产品的需求将要下滑。伴随着需求的减少，低端产品的价格很有可能会逐步走低。后几年，随着高端产品的成熟，市场对 P3 产品的需求将会逐渐增大，而对 P4 产品的需求是从第四年开始的，需求量从 2 个逐步增加到 8 个。同时随着时间的推移，客户的质量意识将不断提高，后几年可能会对厂商是否通过了 ISO 9000 认证和 ISO 14000 认证有更多的要求。

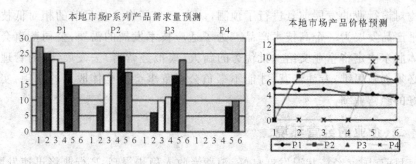

图 3-13　本地市场预测图

(二)区域市场分析

如图 3-14 所示,区域市场的客户对 P 系列产品的喜好相对稳定,因此,市场需求量的波动也很有可能会比较小。因其紧邻本地市场,所以产品需求量的走势可能与本地市场相似,价格也很稳定,低端产品需求波动很小。该市场的客户比较乐于接受新的事物,因此对于高端产品也会比较感兴趣。但由于受到地域的限制,该市场的需求总量非常有限,并且这个市场上的客户相对比较挑剔。因此,在以后几年,客户会对厂商是否通过了 ISO 9000 认证和 ISO 14000 认证有较高的要求。

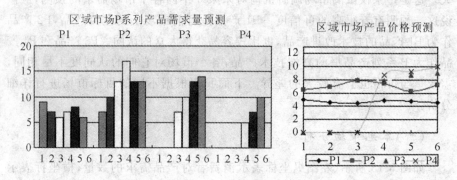

图 3-14　区域市场预测图

(三)国内市场分析

如图 3-15 所示,因为 P1 产品带有较浓的地域色彩,估计国内市场对 P1 产品不会有持久的需求。但 P2 产品因为更适合国内市场,所以估计需求会一直比较平稳。随着对 P 系列产品新技术的逐渐认同,估计对 P3 产品的需求会发展较快,但这个市场上的客户对P4产品却并不是那么认同。当然,对于高端产品来说,客户一定会更注重产品的质量保证。

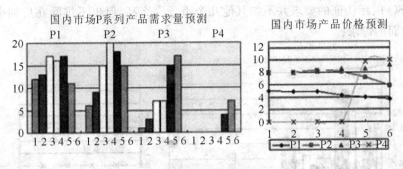

图 3-15 国内市场预测图

(四)亚洲市场分析

如图 3-16 所示,这个市场上的客户喜好一向波动较大,不易把握,所以对P1 产品的需求可能波动较大,估计 P2 产品的需求走势也会与 P1 相似。但该市场对新产品很敏感,因此估计对 P3、P4 产品的需求会发展较快,价格也可能很高。另外,这个市场的消费者很看重产品的质量,所以在以后几年里,如果厂商没有通过 ISO 9000 和 ISO 14000 的认证,其产品可能很难销售。

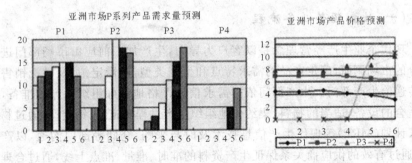

图 3-16 亚洲市场预测图

(五)国际市场分析

如图 3-17 所示,企业进入国际市场可能需要一个较长的时期。有迹象表明,目前这一市场上的客户对 P1 产品已经有所认同,需求也会比较旺盛。对于 P2 产品,客户将会作出谨慎选择,但仍需要一段时间才能被客户完全接受。对于新兴的技术,这一市场上的客户将会以观望为主,因此对 P3 和 P4 产品的需求将会发展很慢。因为产品需求主要集中在低端市场,所以客户对于 ISO 国际认证的要求并不如其他几个市场那么高,但也不排除在后期会有这方面的需求。

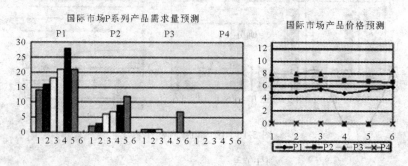

图 3-17 国际市场预测图

三、企业的经营流程

沙盘模拟实训完整地模拟了产品制造企业真实的经营过程。为了让大家更深入地理解沙盘企业模拟运营的组织实施过程及内在规律,这里简单介绍一下制造企业中的一些典型工作流程。

(一)核心经营业务流程

现代企业生产经营理念是以客户为导向,生产加工前应由市场部门进行充分的市场调研,确定产品的需求特点和生产类型,以需定销,及时把销售订单传递给生产部门。生产部门依据需求信息严格地做好组织生产的准备,选用适合的设备、适当的物料,集约化地组织生产过程实施,以销定产,通过物料需求计划(MRP)等现代生产信息技术及时与采购、仓储等部门沟通,以产定购,通过有效的供应商关系保证生产资料的准时、准量、准点上线,通过合理的物流管理保证生产加工任务的完成。整个企业以订单信息为驱动,实施拉动式的生产运作模式,销、产、供等各部门信息共享,通力合作,实现资源利用效率的最大化,实现客户价值的最大化。在沙盘经营过程中,市场工作由营销部门完成,组织生产的过程由生产部门完成,而原材料供应等任务由采购部门完成,各部门相互协调。

（二）辅助支持性流程

为了保证企业经营目标的实现，各职能部门应做好一线生产和销售的服务保障性工作，制定各部门相应的职责和工作流程。主要的支持性部门有人力资源部门和财务管理部门。

人力资源管理工作流程：确定企业的经营策略方向及由此确定组织团队分工，制订明确的岗位职责及工作任务要求，完善规章制度，选择招募具有相应素质和能力的员工执行具体工作任务，定期对岗位绩效和员工工作业绩进行评价，在人事效率上给予生产和销售部门最大力的支持。在沙盘经营过程中，人力资源管理工作是由 CEO 组织完成的。

财务管理工作流程：通过借款、股东投资等多种融资渠道筹集经营资本，按照经营策略把资金投入到生产经营各个环节中，对资金的使用进行严格监控，力图使投资回报价值最大化，合理回报投资者的价值期望，及时对资金使用效果进行分析，在资金财务上给予生产和销售部门充分的支持。在沙盘经营过程中，财务管理工作主要由财务部门完成。

学习情境四　初始状态设置

ERP 手工沙盘模拟不是从创建企业开始,而是接手一个已经运营了两年的企业。虽然已经从基本情况描述中获得了企业运营的基本信息,但还需要把这些枯燥的数字活生生地展现到沙盘盘面上,由此为下一步的企业运营做好铺垫。初始状态设置可使学员深刻地感受到财务数据与企业业务的直接相关性,理解财务数据是对企业运营情况的一种总结提炼,为今后"透过财务看经营"做好观念上的准备。下面我们从实物和财务两方面对应着设置企业的初始状态。

项目一

初始盘面状况

一、流动资产

流动资产是企业在一年或一个营业周期内变现或者耗用的资产,它主要包括货币资金、短期投资、应收账款和存货等。在我们模拟的这个企业,流动资产分布如下(单位:1 M＝100 000 元)。

(1)在制品。如图 4-1 生产中心盘面所示,沙盘上 3 条手工生产线上分别有 1 Q、2 Q、3 Q 的 P1 在制品各 1 个,半自动生产线上 1 Q 位置 P1 在制品 1 个,每个 P1 在制品价值 2 M,共计 8 M。

(2)应收账款。如图 4-2 财务中心盘面所示。沙盘上有应收账款共计 15 M,账期为 3 Q。

(3)现金。如图 4-3 财务中心盘面所示,沙盘上有现金一桶,共计 20 M。

（4）成品。如图 4-3 物流中心盘面所示，沙盘上企业成品库有 3 个 P1 产品已完工，每个价值 2 M，共计 6 M。

（5）原材料。如图 4-2 物流中心盘面所示，沙盘上企业原料库有 3 个 R1 原料，每个价值 1 M 共计 3 M。

综合以上 5 项，企业流动资产共计 52 M。

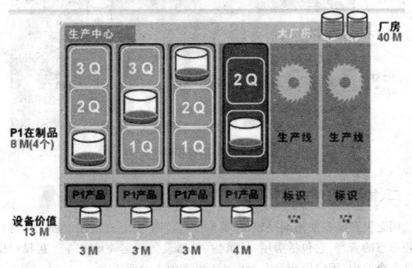

图 4-1　生产中心

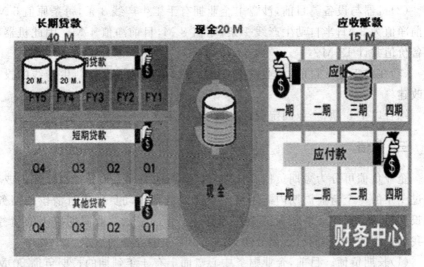

图 4-2　财务中心

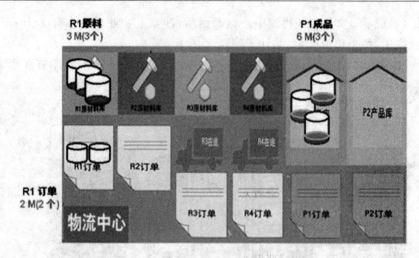

图 4- 3　物流中心

二、固定资产

固定资产是指使用期限较长、单位价值较高,并且在使用过程中保持原有实物形态的资产,它包括房屋、建筑物、机器设备和运输设备等。在我们模拟的这个企业中,固定资产分布如图 4-1 生产中心盘面所示。

(1)土地和建筑。目前,沙盘上企业拥有一个大厂房,价值为 40 M。

(2)机器与设备。目前,沙盘上企业拥有手工生产线 3 条,每条原值 5 M,目前净值为 3 M;半自动生产线 1 条,原值 8 M,目前净值 4 M。因此机器与设备价值共计 13 M。

(3)在建工程。目前,企业没有在建工程,也就是说没有新生产线的投入或改建。

综合以上 3 项,企业固定资产共计 53 M。

三、负债

企业负债可分为短期负债和长期负债。所谓短期负债是指在 1 年内或不超过 1 年的一个营业周期内需用流动资产或其他流动负债进行清偿的债务。而长期负债是指偿还期限在 1 年或者超过 1 年的一个营业周期以上的债务。在我们模拟的这个企业,负债分布如图 4-3 财务中心盘面所示。

(1)长期负债。目前,企业财务中心盘面上有 4 年到期的长期负债 20 M,将空桶放置在 FY4 的位置上;5 年到期的长期负债 20 M,将空桶放置在 FY5 的位置上。因此企业长期负债共计 40 M。

（2）短期负债。目前,企业没有短期负债。

（3）应付账款。目前,企业没有应付账款。

（4）应交税费。根据纳税规则,目前企业有应交税费1 M。应交税费属于企业负债,在盘面上还没有显示,只有在利润表中有显示,此税金应在第三年初从现金中支付。

综合以上4项,企业负债共计41 M。

四、所有者权益

所有者权益是指企业投资者对企业净资产的所有权,在数量上表现为企业资产减去负债后的差额。所有者权益表明企业的所有权关系,即企业归谁所有。我们模拟的这个企业所有者权益分布如下:

（1）股东资本。目前,企业股东资本为50 M。

（2）利润留存。利润留存就是以往各年留存利润的总和。目前,企业利润留存为11 M。

（3）年度净利润。本年度企业净利润为3 M。

综合以上3项,企业所有者权益共计64 M。

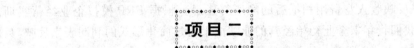

项目二

初始财务报表

一、财务状况

企业的财务状况是指企业的资产、负债、所有者权益的构成状况及其相互关系,具体反映形式由企业对外的主要财务报告——资产负债表来表述。资产负债表可以反映企业的资源分配状况及资本结构、偿债能力等信息,企业管理者亦可利用其数据评估以往的经营效果。ERP沙盘模拟企业经营中,根据设计实训需要,我们对经营年末资产负债表的编制形式进行了简化,经过所有初始状态的设置后,盘面上的经营效果反映在资产负债表上,其具体形式如表4-1所示。

表 4-1　资产负债表

资　产	上年数	本年数	负债和所有者权益	上年数	本年数
流动资产			负债		
现　金		20	短期负债		
应收账款		15	应付账款		
在制品		8	应交税费		1
成　品		6	一年内到期的非流动负债		
原材料		3	长期负债		40
流动资产合计		52	负债合计		41
固定资产			所有者权益		
土地和建筑		40	股东资本		50
机器与设备		13	利润留存		11
在建工程		53	年度净利润		3
固定资产合计		53	所有者权益合计		64
资产总计		105	负债和所有者权益总计		105

二、经营情况

　　企业在经营了一定期间后,取得了一定经营业绩,其直观地表现为企业的利润。利润是企业经营效益的综合体现,企业中通常通过利润表这种会计报表来反映收入与费用相抵后的净所得成果。根据 ERP 模拟企业经营实训需要,我们将年末企业初始经营的业绩成果通过简化形式的利润表来反映,具体形式如表 4-2 所示。

表 4-2　利润表

项　目	上年数	本年数
销售收入		35
直接成本		12
毛　利		23
综合费用		11
折旧前利润		12
折　旧		4
支付利息前利润		8
财务收入/支出		4
其他收入/支出		
税前利润		4
所得税费用		1
净利润		3

学习情境五　模拟企业运营实录

　　在初次接触沙盘时,人们往往不知道该怎样在沙盘上操作,导致出现手忙脚乱的情形。本次学习情境的内容就是结合企业运营规则,解决运营过程中的操作问题。沙盘企业经营过程应当按照一定的流程来进行,这个流程就是经营任务清单(格式详见附录一)。任务清单反映了企业在运营过程中的先后顺序,必须按照这个顺序进行,切不可随意变更操作顺序。本次学习情境只以引导年为例详细阐述流程操作细节,待大家熟练掌握后,可自行操作。

项目一

年初运营工作

　　好的开始是成功的一半。在一年之初,企业应当谋划全年的经营,预测可能出现的问题和情况,分析可能面临的问题和困难,寻找解决问题的途径和办法,使企业未来的经营活动处于掌控之中。为此,企业首先应当召集各位业务主管召开新年度规划会议,初步制订企业本年度的投资规划;接着,营销总监参加一年一度的产品订货会,竞争本年度的销售订单;然后,根据销售订单情况,调整企业本年度的投资规划,制订本年度的工作计划,开始本年度的各项工作。

一、新年度规划会议

(一)新年度全面规划

　　新年度规划涉及企业在新的一年如何开展各项工作的问题。通过制订新年度规划,可以使各位业务主管做到在经营过程中胸有成竹,知道自己在什么时候该干什么,可以有效预防经营过程中决策的随意性和盲目性,减少经营失误。同时,在制订新年度规划时,各业务主管已经就各项投资决策达成了共识,可以使各项经营活动有条不紊地进行,可以有效提高团队的合作精神,鼓舞士气,提高团队的战斗力和向心力,使团队成员之间更加团结、协调、和谐。

新年度全面规划内容涉及企业的发展战略规划、投资规划、生产规划和资金筹集规划等。

(二)确定可接订单的数量

在新年度规划会议以后,企业要参加一年一度的产品订货会。企业只有参加产品订货会,才能争取到当年的产品销售订单。在产品订货会上,企业要准确拿单,就必须准确计算出当年的产品完工数量,据此确定企业当年甚至每一个季度的可接订单数量。企业某年某产品可接订单数量的计算公式为:

$$\begin{array}{c}\text{某年某产品}\\\text{可接订单数量}\end{array}=\begin{array}{c}\text{年初该产品的}\\\text{库存量}\end{array}+\begin{array}{c}\text{本年该产品的}\\\text{完工数量}\end{array}$$

二、参加订货会、支付广告费/登记销售订单

(一)参加订货会

在参加订货会之前,企业各部门需要集中讨论,需要分市场、分产品在"广告单"上登记投放的广告费金额。"广告单"是企业争取订单的唯一依据,也是企业当期支付广告费的依据,应当采取科学的方法计算,认真对待。

一般情况下,营销总监代表企业参加订货会,争取销售订单。但为了从容应对竞单过程可能出现的各种复杂情况,企业也可由营销总监与 CEO 或生产总监一起参加订货会。竞单时,应当根据企业的可接订单数量选择订单,尽可能按企业的产能争取订单,使企业生产产品在当年全部销售。应当注意的是,企业争取的订单一定不能突破企业的最大产能。否则,如果不能按期交单,将给企业带来巨大的损失。

规则提示:

(1)订货会年初召开,一年只召开一次。例如,如果在该年年初的订货会上只拿到两张订单,那么在当年的经营过程中再也没有获得其他订单的机会。

(2)广告费分市场、分产品投放,订单按市场、按产品发放。例如,企业拥有 P1、P2 的生产资格,在年初国内市场的订货会上只在 P1 上投入了广告费用,那么在竞单时,不能在国内市场上获得 P2 的订单。又如,订单发放时,先发放本地市场的订单,按 P1、P2、P3、P4 产品次序发放。再发放区域市场的订单,按 P1、P2、P3、P4 产品次序发放。

（3）某产品广告费投入 1 M,可获得一次拿单的机会。另外,要获得下一张订单的机会,还需要再投入 2 M。依此类推,每多投入 2 M 就拥有多拿一张订单的机会。广告费用计算组合为(1+2n)M(其中 n 为整数)。例如,在本地市场上投入 7 M 广告费,表示在本地市场上有 4 次拿单的机会,最多可以拿 4 张订单。如果投入 8 M 广告费,也最多有 4 次拿单机会。但是,最终能拿到几张订单取决于当年的市场需求和竞争状况。

（4）销售排名及市场老大规则。每年竞单完成后,根据某个市场的总订单销售额排出销售排名。排名第一的为市场老大,下年可以不参加该市场的选单排名而优先选单;其余的公司仍按选单排名方式确定选单顺序。

例如,P3 产品广告亚洲市场投放单,如表 5-1 所示。

表 5-1　P3 产品广告亚洲市场投放单

公　司	P3 广告费	ISO 9000	ISO 14000	广告费总和	上年排名
A	1 M			1 M	1
B	2 M	1 M	1 M	4 M	2
C	2 M	1 M		3 M	4
D	5 M			5 M	3

亚洲市场 P3 产品选单的顺序:

第一,由 A 公司选单,虽然 A 公司投入 P3 产品的广告费低于其余 3 家公司,但其上年在亚洲市场上的销售额排名第一,因此不以其投入广告费的多少来选单,而直接优先选单。

第二,由 D 公司选单。投入 P3 产品的广告费最高,为 5 M。

第三,由 B 公司选单。虽然 B 公司在 P3 产品的广告费上与 C 公司相同,但投入在亚洲市场上的总广告费用为 4 M,而 C 公司投入亚洲市场上的总广告费用为 3 M,因此,B 公司优先于 C 公司选单。

第四,由 C 公司选单。虽然 C 公司投入的 P3 产品的广告费用与 B 公司相同,但在亚洲市场上的总广告费投入低于 B 公司,因此后于 B 公司选单。

（5）选单排名顺序和流程。第一次以投入某个产品广告费用的多少产生该产品的选单顺序。如果该产品投入一样,按本次市场的广告总投入量(包括 ISO 的投入)进行排名;如果市场广告总投入量一样,按上年的该市场排名顺序排名;如果上年排名相同,采用竞标方式选单,即把某一订单的销售价、账期去掉,按竞标公司所出的销售价和账期确定谁获得该订单(按出价低、账期长的顺序发单)。按选单顺序先选第一轮,每公司一轮,只能有一次机会,选择一张订单。第二轮按顺序再选,选单机会用完的公司则退出选单,如表 5-2 和表 5-3 所示。

表 5-2　P1 产品国际市场广告投放单

公　司	P1 广告费	ISO 9000	ISO 14000	广告费总和	上年排名
A	3 M			3 M	2
B	1 M	1 M	2 M	4 M	3
C	1 M	1 M	1 M	3 M	5
D					4
E					1

表 5-3　P2 产品国际市场广告投放单

公　司	P2 广告费	ISO 9000	ISO 14000	广告费总和	上年排名
A					2
B	1 M	1 M	2 M	4 M	3
C	1 M	1 M	1 M	3 M	5
D	1 M	1 M	1 M	3 M	4
E					1

国际市场 P1 产品选单的顺序：

第一，由 A 公司选单。在国际市场上，市场老大 E 公司没有投入 P1 产品的广告费，而 A 公司投入 P1 产品的广告费最高，为 3 M。

第二，由 B 公司选单。虽然 B 公司在 P1 产品的广告费上与 C 公司相同，但投入在国际市场上的总广告费用为 4 M。而 C 公司投入国际市场上的总广告费用为 3 M，因此，B 公司先于 C 公司选单。

第三，由 C 公司选单。由于 C 公司投入的 P1 产品的广告费用与 B 公司相同，但在国际市场上的总广告费投入低于 B 公司，因此 C 公司后于 B 公司选单。

第四，由 A 公司再选单。A 公司投入 P1 产品的广告费组合为 3 M（1 M＋2 M），因此获得多一次的选单机会。

国际市场 P2 产品选单的顺序：

第一，由 B 公司选单。在国际市场上，市场老大 E 公司没有投入 P2 产品的广告费，虽然 B、C、D 公司在 P2 产品上投入的广告费用相同，但在国际市场上的总广告费投入 B 公司最高，因此由 B 公司最先选单。

第二，由 D 公司选单。虽然 D 公司在 P2 产品的广告费上与 C 公司投入的相同，且在国际市场上的总广告费也与 C 公司相同，但在上年的经营过程中，D 公司排名第 4，C 公司排名第 5，因此，D 公司先于 C 公司选单。

第三，由 C 公司选单。虽然 C 公司在 P2 产品的广告费上与 D 公司相同，且在国际市场上的总广告费也与 D 公司相同,但在上年的经营过程中,排名位于 D 公司之后。

(6)订单种类。第一类为普通订单,在一年之内任何交货期均可交货,订单上的账期表示客户收货时货款的交付方式。

例如:0 Q 表示采用现金付款;4 Q 表示客户付给企业的是 4 个季度的应收账款,订单样如表 5-4 所示。

表 5-4　订单

第三年　本地市场 P2-1/4
产品数量:2P2
产品单价:8.5 M/个
总金额:17 M
账期:4 Q
普通(加急或 ISO)

第二类为加急订单,第 1 季度必须交货,若不按期交货,会受到相应的处罚。

第三类为 ISO 9000 或 ISO 14000 订单,要求具有 ISO 9000 或 ISO 14000 资格,并且在市场广告上投放了 ISO 9000 或 ISO 14000 广告费的公司,才可以拿单,且对该市场上的所有产品均有效。

(7)交货规则。必须按照订单规定的数量整单交货。

(8)违约处罚规则。所有订单必须在规定的期限内完成(按订单上的产品数量交货),即加急订单必须在第 1 季度交货,普通订单必须在本年度交货等。如果订单没有完成,按下列条款加以处罚:第一,下年市场地位下降一级(如果是市场第一的,则该市场第一空缺,所有公司均没有优先选单的资格);第二,交货时扣除订单额的 25%(取整)作为违约金。例如,A 公司在第二年时为本地市场的老大,且在本地市场上有一张订单总额为 20 M,但由于产能计算失误,在第二年不能交货,则在参加第三年本地市场订货会时丧失市场老大的订单选择优先权,并且在第三年该订单必须首先交货,交货时需要扣除 5 M (20 M×25%)的违约金,只能获得 15 M 的货款。

(二)支付广告费/登记销售订单

实际工作中,广告费一般是以广告形式支付的。在沙盘模拟企业中,广告费一般在参加订货会后一次性支付。所以,企业在投放广告时,应当充分考虑企业的支付能力。也就是说,投放的广告费一般不能突破企业年初未经营前现金库中的现金余额。

支付广告费时,由财务总监从现金库中取出"广告单"中登记的广告费数额,放在综合费用的"广告费"中,并在运营任务清单对应的方格内记录支付的现金数(用"一"表示现金支出。下同)。

为了准确掌握销售情况,科学制订本年度工作计划,企业应将参加订货会争取的销售订单进行登记。拿回订单后,财务总监和营销总监分别在任务清单的"订单登记表"中逐一对订单进行登记。为了将已经销售和尚未销售的订单进行区分,营销总监在登记订单时,只登记订单号、销售数量、账期,暂时不登记销售额、成本和毛利,当产品销售时,再进行登记。

三、制订新年度计划

生产总监可以根据营销总监拿回的订单合理组织和安排生产,在年初首先应当编制"产品生产及材料需求计划",根据订单明确企业产品的生产及可能会出现的生产线转产等情况。为了保证材料的供应,生产总监根据确定的生产计划编制"开工计划"和"生产计划及采购计划表",采购总监根据生产总监编制的"生产计划及采购计划表"编制"材料采购计划"。财务总监根据企业规划确定的费用预算、生产预算和材料需求预算编制资金预算,明确企业在计划期内资金的使用和筹集。财务总监还应根据订单账期确定企业现金是否能够保障正常流转。各自计划制订完成后,CEO 在运营任务清单对应的方格内打"√"。

四、支付应付税

企业在年初应支付上年应交的税金。企业按照上年资产负债表中"应交税费"项目的数值交纳税金。交纳税金时,财务总监从现金库中拿出相应现金放在沙盘"综合费用"的"税金"处,并在运营任务清单对应的方格内记录现金的减少数。监督财务总监完成相应操作后,CEO 在运营任务清单对应的方格内打"√"。

税金=(上年所有者权益+本年税前利润-股东资本)×25%(取整)

如果"上年所有者权益+本年税前利润-股东资本"的值为负,则企业不纳税。

◆◇◆◇◆◇◆◇◆◇◆◇◆
项目二
◆◇◆◇◆◇◆◇◆◇◆◇◆

日常运营工作

一、季初盘点

季初盘点时,CEO指挥、监督团队成员各司其职,按照盘面情况认真进行盘点。盘点的项目包括现金、成品和原材料等。如果盘点的余额与账面数一致,各成员就将结果准确无误地填写在任务清单的对应位置。季初余额等于上一季度末余额,由于上一季度末刚盘点完毕,所以可以直接根据上季度的季末余额填入。

二、更新短期贷款还本付息/申请短期贷款(高利贷)

更新短期贷款时,财务总监将短期贷款往现金库方向推进一格,表示短期贷款离还款时间更接近。如果短期贷款已经推进现金库,则表示该贷款到期,应还本付息。

还本付息时,财务总监从现金库中拿出利息放在沙盘"综合费用"的"利息"处,拿出相当于应归还借款本金的现金到交易处偿还短期贷款。

操作完毕,财务总监在"贷款登记表"上登记归还的本金金额,在任务清单对应的方格内记录偿还的本金、支付利息的现金减少数。

申请短期贷款时,如果企业需要借入短期贷款,则财务总监填写"公司贷款申请表"到交易处借款。短期贷款借入后,放置一个空桶在短期贷款的第四账期处,在空桶内放置一张借入该短期贷款信息的纸条,并将现金放在现金库中。

财务总监登记借入短期贷款增加的现金数。CEO在运营任务清单对应的方格内打"√"。

具体融资规则如表5-5所示。

表 5-5　融资规则

贷款类型	办理时间	最大额度	利息率	还本付息时间
长贷 5 年	年末	上年末权益的 2 倍	10%	年底付息,到期还本
短贷 1 年	季初	上年末权益的 2 倍	5%	到期还本付息
高利贷	随时	由指导教师规定	20%	到期还本付息
资金贴现	随时	视为收款额	1:6	变现付息

说明:

(1)长期贷款每年必须归还利息,到期还本,本利双清后,如果还有额度时,才允许重新申请贷款。即如果有贷款需要归还,同时还拥有贷款额度时,必须先归还到期的贷款,才能申请新贷款,不能以新贷还旧贷(续贷)。短期贷款也按本规定执行。

(2)结束年时,不要求归还没有到期的各类贷款。

(3)长期贷款最多可贷 5 年。

(4)所有的贷款不允许提前还款。

三、更新应付款/归还应付款

财务总监将应付款向现金库方向推进一格,以示更新应付款。当应付款到达现金库时,表示应付款到期。应付款到期时财务总监必须从现金库中取出相应现金付清应付款,同时在任务清单对应的方格内登记现金的减少数。在监督财务总监正确完成以上操作后,CEO 在任务清单对应的方格内打"√"。本次实训的规则中不涉及应付款,不进行操作,直接在任务清单对应的方格内打"×"。

四、原材料入库/更新原料订单

原材料需要按提前期要求提前下订单,并且依据订单才能购买,购买时采购总监持现金和"采购及材料付款计划表"在交易处买回原材料后,放在沙盘对应的原材料库中。并在"采购及材料付款计划表"中登记购买的原材料数量,同时在任务清单对应的方格内登记入库的原材料数量。如果企业订购的原材料尚未到期,则采购总监在任务清单对应的方格内打"√",财务总监从现金库中拿出购买原材料需要的现金交给采购总监,付材料款,并在运营任务清单对应的方格内填上现金的减少数。在监督财务总监和采购总监正确完成以上操作后,CEO 在任务清单对应的方格内打"√"。

原材料成本及采购周期规则如表 5-6 所示。

表 5-6　原材料成本及采购周期规则

原材料	成　本	采购周期
R1	1 M	1 Q
R2	1 M	1 Q
R3	1 M	2 Q
R4	1 M	2 Q

五、下原料订单

采购总监在"采购及材料付款计划表"上登记订购的原材料品种和数量，在交易处办理订货手续。将从交易处取得的原材料采购订单放在沙盘的"原材料订单"处，订单可用空桶表示，如图 4-2 物流中心盘面所示，并在任务清单对应的方格内记录订购的原材料数量。下原料订单不需要支付现金。在监督采购总监正确完成以上操作后，CEO 在任务清单对应的方格内打"√"。

六、更新生产/完工入库

生产总监将生产线上的在制品向前推进一格。如果产品已经推到生产线以外，表示产品完工下线，将该产品放在产成品库对应的位置。同时在任务清单对应的方格内记录完工产品的数量。如果产品没有完工，则在运营任务清单对应的方格内打"√"。在确认生产总监正确完成以上操作后，CEO 应当在任务清单对应的方格内打"√"。

七、投资新生产线/变卖生产线/生产线转产

企业要提高产能，必须对生产线进行改造，包括新购、变卖和转产等。新购的生产线安置在厂房空置的生产线位置；如果没有空置的位置，必须先变卖生产线或者购买新的厂房。变卖生产线主要是出于战略的考虑，比如将手工生产线换成全自动生产线等。如果生产线要转产，应当考虑转产周期和转产费。

(一)投资新生产线

投资新生产线时生产总监在交易处申请新生产线标识，将标识翻转放置在某厂房空置的生产线位置，并在标识上面放置与该生产线安装周期期数相同的空桶，代表安装周期。每个季度向财务总监申请建设资金，放置在其中的一个空桶内。每个空桶内都放置了建设资金，表明安装费用全部支付完毕，生

产线在下一季度建设完成投产。在全部投资完成后的下一季度,将生产线标识翻转过来,领取产品标识,可以投入使用。支付生产线建设费时,应由财务总监从现金库取出现金交给生产总监用于生产线的投资,并在运营任务清单对应的方格内登记现金的减少数。

(二)变卖生产线

生产线只能按残值变卖。变卖时,生产总监将生产线及其产品生产标识交还给交易处,并将生产线的净值从盘面中"价值"处取出,将等同于变卖的生产线的残值部分交给财务总监,相当于变卖收到的现金。财务总监收取现金,将变卖生产线收到的现金放在现金库并在运营任务清单对应的方格内记录现金的增加数。如果生产线净值大于残值,则将净值大于残值的差额部分放在"综合费用"的"其他"处,表示出售生产线的净损失。例如,变卖一条现在价值为 3 M 的手工生产线,则交给财务总监现金 1 M,剩余 2 M 放在盘面"综合费用"的"其他"处。

(三)生产线转产

转产时生产总监应先持原产品标识在交易处更换新的产品生产标识,并将新的产品生产标识反扣在生产线的"产品标识"处,待该生产线转产期满可以生产产品时,再将该产品标识正面放置在"标识"处。如果转产需要支付转产费,还应向财务总监申请转产费,将转产费放在"综合费用"的"转产费"处。财务总监在运营任务清单对应的方格内登记支付转产费而导致的现金减少数。确认生产总监和财务总监正确完成以上全部操作后,CEO 在运营任务清单对应的方格内打"√";如果不做上面的操作,则在运营任务清单对应的方格内打"×"。

规则提示:

生产线的购买、转产与维护、出售的规则如表 5-7 所示。

表 5-7　生产线相关规则

生产线类型	价值	安装周期	生产周期	转产周期	转产费用	维护费用	出售残值
手工	5 M	无	3 Q	无	无	1 M/年	1 M
半自动	8 M	2 Q	2 Q	1 Q	1 M	1 M/年	2 M
全自动	16 M	4 Q	1 Q	2 Q	4 M	1 M/年	4 M
柔性	24 M	4 Q	1 Q	无	无	1 M/年	8 M

(1)所有生产线都能生产所有产品,所需支付的人工费均为 1 M。

（2）购买：投资新生产线时按安装周期平均支付投资，全部投资到位的下一季度才能领取产品标识，开始生产。比如，在第一年第 1 季度开始投资一条全自动生产线，在第二年第 1 季度才可以投入使用。

（3）转产：现有生产线转产新产品时可能需要一定转产周期并支付一定的转产费用，最后一笔支付到期一个季度后方可使用该生产线。比如，半自动生产线原本生产 P1 产品，在第三年第 1 季度开始转产生产 P3 产品，则在第三年第 2 季度方可生产 P3 产品。

（4）维护：当年在建的生产线和当年出售的生产线不用交维护费。比如，第一年第 1 季度开始投资的全自动生产线，在第一年末交维护费。

（5）出售：出售生产线时，如果生产线净值小于残值，将净值转换为现金，如果生产线净值大于残值，将相当于残值的部分转换为现金，将差额部分作为"综合费用——其他"处理。

八、向其他企业购买原材料/出售原材料

企业如果没有下原料订单，就不能购买材料。如果企业生产急需材料，又不能从交易处购买，就只能从其他企业购买。当然，如果企业有暂时多余的材料，也可以向其他企业出售，收回现金。是否进行组间交易可以由指导教师决定，如果实训中不允许组间交易，则此项略过，CEO 可直接在运营任务清单对应的方格内打"×"；如果允许组间交易，则需到指导教师处进行登记。

九、开始下一批生产

生产总监按照"开工计划"的规划组织生产，从采购总监处申请领取生产产品需要的原材料。采购总监据生产总监的申请，发放生产产品所需要的原材料，并在运营任务清单对应的方格内登记生产领用原材料类型和导致原材料的减少数。

生产总监还要从财务总监处申请取得生产产品需要的加工费。财务总监审核生产总监提出的产品加工费申请后，将现金交给生产总监，同时在任务清单对应的方格内登记现金的减少数。

生产总监将领来的生产产品所需要的原材料和加工费放置在空桶中（一个空桶代表一个产品），然后将这些空桶放置在空置的生产线上，表示开始投入生产，并在任务清单对应的方格内登记投产产品的数量。CEO 在确认正确完成以上操作后，在任务清单对应的方格内打"√"。

十、更新应收款/应收款收现

　　财务总监按季度将应收款往现金库方向推进一格。当应收款推进现金库时,表示应收款到期。如果应收款到期,持应收账款登记表、任务清单和应收款凭条到交易处领回相应现金放入现金库。在运营任务清单对应的方格内登记应收款到期收到的现金数。CEO 在监督正确完成以上操作后,在运营任务清单对应的方格内打"√"。

十一、出售厂房

　　企业出售厂房时,生产总监到交易处登记,并将厂房价值交给财务总监,财务总监将厂房价值放到 4 Q 的应收账款处,并在应收账款登记表上登记收到的应收款金额和账期,在任务清单对应的方格内打"√"。CEO 在监督正确完成以上操作后,在任务清单对应的方格内打"√"。

　　规则提示:

　　年底决定厂房是购买还是租赁。出售厂房计入 4 Q 应收款。购买后将购买价值的灰币放在厂房价值处,厂房不提折旧。厂房购买、租赁与出售规则如表 5-8 所示。

5-8　厂房规则

厂　房	买　价	租　金	售　价	容　量
大厂房	40 M	5 M/年	40 M(4 Q)	6 条生产线
小厂房	30 M	3 M/年	30 M(4 Q)	4 条生产线

十二、向其他企业购买成品/出售成品

　　企业参加产品订货会时,如果取得的销售订单超过了企业最大生产能力,当年不能按订单交货,则构成违约,按规则将受到严厉的惩罚。为此,企业可以从其他企业购买产品来交单。当然,如果企业有库存积压的产品,也可以向其他企业出售。

　　如果按成本价买入,买卖双方正常处理,如果高于成本价买入,买方将差价(支付购买价格——产品成本)计入直接成本,卖方将差价计入销售收入,财务总监做好现金收支记录。具体购买的价格由交易双方共同协商,协商一致后一起到指导教师处登记。

　　此项业务属于组间交易,实训中是否允许组间交易是由指导教师在实训前规定好的。如果不允许组间交易,则 CEO 在运营任务清单对应的方格内直

接打"×"。

十三、按订单交货

营销总监在销售产品前,首先在"订单登记表"中登记销售订单的销售额,计算出销售成本和毛利之后,将销售订单和相应数量的产品拿到交易处销售。销售后,将收到的应收款或现金交给财务总监。财务总监接收清点售货款,如果销售取得的是应收款,则将应收款放在应收款相应的账期处;如果取得的是现金,则将现金放进现金库。如果销售产品收到的是应收款,在"应收账款登记表"上登记应收款的金额;如果收到现金,在任务清单对应的方格内登记现金的增加数。CEO 在监督营销总监和财务总监正确完成以上操作后,在运营任务清单对应的方格内打"√"。如果不做上面的操作,则在运营任务清单对应的方格内打"×"。

十四、产品研发投资

企业如果需要研发新产品,则需营销总监定期从财务总监处申请取得研发所需要的现金,放置在产品研发对应位置的空桶内。如果产品研发投资完成,则从交易处领取相应产品生产资格证放置在"生产资格"处。企业取得生产资格证后,从下一季度开始,可以生产该产品。比如,企业要在第三年第 1 季度开始研发 P2 产品,则每季度申请 1 M,直到第四年第 2 季度研发完成。此时由营销总监拿"生产资格"处的灰币到交易处换取 P2 产品标识,第四年第 3 季度可以生产 P2 产品。每季度完成投入一次研发资金,需在运营任务清单对应的方格内打"√"。财务总监根据营销总监提出的申请,审核后,用现金支付并在运营任务清单对应的方格内登记现金的减少数。CEO 在监督完成以上操作后,在运营任务清单对应的方格内打"√"。如果不做上面的操作,则在运营任务清单对应的方格内打"×"。

规则提示:

产品研发规如表 5-9 所示。新产品研发投资可以同时进行,按季度平均支付或延期,资全短缺时可以中断但必须在完成投资后方可生产。研发投资计入综合费用,研发投资完成后持全部投资换取产品生产资格证。各产品成本构成规则如表 5-10 所示。

表 5-9 **产品研发规则**

产 品	P2	P3	P4
研发时间	6 Q	6 Q	6 Q
研发投资	6 M	12 M	18 M

表 5-10 产品成本构成规则

产品	成本构成					总成本
	人工	R1	R2	R3	R4	
P1	1 M	1 M				2 M
P2	1 M	1 M	1 M			3 M
P3	1 M		2 M	1 M		4 M
P4	1 M		1 M	1 M	2 M	5 M

十五、支付行政管理费

财务总监每季度从现金库中取出 1 M 现金放置在综合费用的"管理费"处,用以支付企业在生产经营过程中发生的诸如办公费、人员工资等管理费用。无论企业经营情况好坏、业务量多少,行政管理费都是固定不变的。行政管理费支付完毕后,在任务清单对应的方格内登记现金的减少数。CEO 在监督完成以上操作后,在运营任务清单对应的方格内打"√"。

十六、其他现金收支情况登记

企业在经营过程中可能会发生除上述外的其他现金收入或支出,企业应将这些现金收入或支出进行记录,如违约金的支付。

企业如果有其他现金增加和减少情况,财务总监在运营任务清单对应的方格内登记现金的增加或减少数。CEO 在监督财务总监完成以上操作后,在运营任务清单对应的方格内打"√"。如果不做上面的操作,则在任务清单对应的方格内打"×"。

十七、季末盘点

每季度末,企业应对现金、原材料、在产品和产成品进行盘点,并将盘点的数额与账面结存数进行核对。如果账实相符,财务总监将该数额填写在任务清单对应的方格内;如果账实不符,则找出原因后再按照实际数填写。

余额的计算公式为:

$$现金余额 = 季初余额 + 现金增加额 - 现金减少额$$

$$原材料库存余额 = 季初原材料库存数量 + 本期原材料增加数量 - 本期原材料减少数量$$

$$在产品余额 = 季初在产品数量 + 本期在产品投产数量 - 本期完工产品数量$$

$$\begin{matrix}产成品\\余额\end{matrix}=\begin{matrix}季初产成品\\数量\end{matrix}+\begin{matrix}本期产成品\\完工数量\end{matrix}-\begin{matrix}本期产成品\\销售数量\end{matrix}$$

项目三

ERP 沙盘模拟中实现有效筹资管理的措施

企业筹资,是指企业根据其生产经营、对外投资和调整资本结构等需要通过金融市场等筹资渠道运用一定的筹资方式经济有效地筹措和集中资金的活动。筹集资金是企业的基本财务活动,是资金运动的起点,是决定资产规模和生产经营发展程度的重要环节。资金的筹集必须遵循一定的原则,按照一定的步骤进行。

一、进行财务的预测与分析,计算融资时所需要的资金量

企业为了保证生产经营的正常进行,必须知道自己在什么时间、需要多少资金,才能编制合理融资计划。在 ERP 沙盘模拟中,每个会计年度初期,企业管理层需要制订(或调整)企业发展战略,以此为依据确立企业未来的销售目标。有了销售目标,企业的财务主管就可以编制销售预算,即对未来 1 年企业可能实现的销售量、销售收入做测算。这样,以销售预测为依据,结合企业对未来的预期,就可以编制准确的生产预算、采购预算、设备投资专门预算,并进行相应的现金预算。由于现金预算的内容包括现金的流入量、现金的流出量、现金的多余及现金短缺的数值,因此根据现金预算,管理层就可以判断出未来企业现金流的状况及现金结余的情况,以及现金是否有短缺,如果有短缺,金额是多少,测算出资金需要量。

二、根据运营企业自身情况对融资方式的选择进行可行性分析

ERP 沙盘模拟中允许企业的融资方式有长期贷款、短期贷款、贴现及高利贷。其中,长期贷款最长为 5 年期,每年年底支付利息,贷款的最高限额是权益额的 2 倍;短期贷款及高利贷期限为 1 年,不足 1 年的按 1 年计息,短期贷款与高利贷到期时还本付息,短期贷款贷款限额是权益的 2 倍,高利贷没有

贷款额度的限制;资金贴现在资金出现缺口且不具备银行贷款的情况下,并且有应收款时随时可以进行,金额是 7 的倍数不论应收款期限长短,拿出 7 万元交 1 万元的贴现费。企业需要融资时,根据自己的负债情况,选择可行的融资方式。ERP 沙盘模拟中融资方式见表 5-11。

表 5-11　ERP 沙盘模拟中融资方式一览表

贷款类型	贷款时间	贷款额度	年息	还款方式
长期贷款	每年年末	权益的 2 倍－已有长期负债	10%	年底付息,到期还本
短期贷款	每季度初	权益的 2 倍－(已有短期贷款＋1 年内到期的长期负债)	5%	到期一次还本、付息
高利贷	任何时间	与银行协商	20%	到期一次还本、付息
资金贴现	任何时间	视应收款额	1∶6	变现时贴息

三、根据不同融资方式的资本成本和风险水平,确定不同融资方式的资金筹集比例及数额

在 ERP 模拟中,由于不同筹资方式的资本成本及财务风险有所不同,所以企业应计算并且比较不同筹资方式的资本成本及财务风险,进而选择适合企业的筹资方式及确定不同筹资方式的筹资比例。企业既要保证筹资的综合资本成本较低,又要控制企业的风险水平,这样才能以最经济的方式获取所需资金,并且在债务到期时能够及时偿还,而不至于由于债务安排的不合理,出现无法偿贷的财务危机。ERP 沙盘模拟中不同融资方式资金成本与风险比较见表 5-12。

表 5-12　ERP 沙盘模拟中不同融资方式资金成本与风险比较一览表

贷款类型	资金成本	财务风险
高利贷	最高	较高
资金贴现	较高	较低
短期贷款	最低	最高
长期贷款	较低	最高(偿还期最长)

四、确定企业最佳的融资方案,合理规划资本结构

在准确地预测出企业资金需要量的基础上,通过对不同的融资方式的定性与定量分析,明确企业可供选择的不同融资方式的筹资数额及占总筹资额的比例,制定出最佳的筹资方案,构建出科学的资本结构。

项目四

ERP 沙盘模拟中筹资模块内容的拓展

一、丰富筹资方式

在 ERP 沙盘模拟中,运营企业没有上市,因此其融资渠道只能是银行借款、高利贷及应收账款贴现,融资的方式比较单调。单靠举债融资加大了企业的财务风险,并且难以使运营企业资本结构合理化。在现实生活中,企业可供选择的融资方式很多,有吸收直接投资、金融机构贷款、发行股票和债券、租赁、留存收益、商业信用等。

如果在 ERP 沙盘模拟中丰富运营企业的筹资方式,虽然会增加制订筹资决策的难度,但同时会使参与者对资金的管理能力得到有效锻炼。比如,企业需要进行外部融资时,不仅考虑银行贷款,而且商业信用、租赁等都可作为企业的外部融资来源,通过对企业偿债能力的分析,来确定企业是否适合举债融资;企业也可以通过应付账款等负债性资产来进行商业信用融资;企业在生产过程中,如果需要购进设备,可以考虑租赁融资。

二、充分体现影响运营企业融资能力的非量化因素

在 ERP 沙盘模拟中,长、短期贷款累计金额分别不能超过权益的 2 倍,当企业资金短缺时,其可以根据权益金额及负债情况安排资金筹集。可以看出,在 ERP 沙盘模拟中,权益情况是影响运营企业筹资最关键的因素。但是,现实企业筹资方案的制定受一些非量化的因素影响。

(一)企业经营者与所有者的态度

从经营者的角度看,企业一旦发生财务危机,其职务和利益将受到重大影响,故经营者倾向于较少地使用财务杠杆尽量降低债务资金的比例。相反,企业的所有者往往不愿分散,其控制权故不愿增发新股而要求经营者去举债。

虽然企业,对如何适当运用财务杠杆都有自己的分析,但企业经营者与所有者的态度实际上往往成为决定资本结构的关键因素。

(二)企业信用等级与债权人的态度

企业能否以借债的方式筹资和能筹集到多少资金,不仅取决于企业经营者和所有者的态度,而且还取决于企业的信用等级。通常企业都会与信用评级机构商讨其资本结构,并且对他们提出的意见予以充分重视。如果企业的信用等级不高,债权人将不愿意向企业提供信用从而使企业无法筹措到它所希望达到的负债水平。

三、企业所处行业

由于许多不同行业的资本结构具有不同的行业性特点,如医药、食品行业一般具有较低的财务杠杆,而造纸、钢铁、航空等行业拥有高的财务杠杆,因此,融资方案的制定必然受企业所处行业的影响。

现实企业筹资方案的制定复杂很多,需要考虑上述在内的众多影响因素。因此,只有不断完善沙盘筹资模块 ERP 的运营规则,比如分设多个行业进行经营模拟、进行运营企业信用测评以此为依据决定企业的贷款额度等,才能使虚拟企业的筹资环境与现实最大限度的吻合,虚拟企业的资金管理会更加真实化。这样在领会管理思想的同时,ERP 管理能力才能得到切实的锻炼。

项目五

年末运营工作

企业日常经营活动结束后,年末还要进行市场开拓等活动,以及进行各种账项的计算、结转,编制各种报表,计算当年的经营成果,反映当前的财务状况,并对当年经营情况进行分析总结。

一、支付利息/更新长期贷款/申请长期贷款

(一)支付利息

财务总监根据企业已经借入的长期贷款计算本年应支付的利息,之后,从现金库中取出相应的利息放置在综合费用的"利息"处。

(二)更新长期贷款

财务总监将长期贷款往现金库推进一格,表示偿还期的缩短。如果长期贷款已经被推进现金库中,表示长期贷款到期,应持相应的现金和"贷款登记表"到交易处归还该贷款。

(三)申请长期贷款

财务总监持上年报表和"贷款登记表"到交易处,经交易处审核后发放贷款。收到贷款后,将现金放进现金库中,同时,放一个空桶在长期贷款对应的账期处,空桶内写一张注明贷款金额的长期贷款凭条。

在任务清单对应的方格内登记因支付利息、归还本金导致的现金减少数,以及借入长期贷款增加的现金数。

CEO在监督财务总监完成以上操作后,在运营任务清单对应的方格内打"√"。如果不做上面的操作,则在运营任务清单对应的方格内打"×"。

具体融资规则如表5-5所示。

二、支付设备维护费

财务总监根据年末所有完工的生产线支付设备维护费。支付设备维护费时,从现金库中取出现金放在综合费用的"维护费"处。在任务清单对应的方格内登记现金的减少数。

CEO在监督财务总监完成以上操作后,在运营任务清单对应的方格内打"√"。

规则提示:

年末,只要有生产线,无论是否生产,都应支付维护费。尚未安装完工的生产线不支付维护费。设备维护费每年年末用现金一次性集中支付。

三、支付租金/购买厂房

只要有生产线就必须有厂房。厂房要么租赁,要么购买。

（一）支付租金

如果企业租赁厂房，则财务总监从现金库中取出现金放在综合费用的"租金"处。

（二）购买厂房

如果企业购买厂房，则财务总监从现金库中取出购买厂房的现金放在厂房的"价值"处，并在任务清单对应的方格内登记支付租金或购买厂房减少的现金数。CEO在监督财务总监完成以上操作后，在运营任务清单对应的方格内打"√"；如果不做上面的操作，则在运营任务清单对应的方格内打"×"。

四、计提折旧

财务总监根据规则对生产线计提折旧。计提折旧时，根据计算的折旧额从"生产线净值"处取出相应的金额放置在综合费用旁的"折旧"处。在运营任务清单对应的方格内登记折旧的金额。注意，在计算现金支出时，折旧不能计算在内，因为折旧并没有减少现金。CEO在监督财务总监完成以上操作后，在运营任务清单对应的方格内打"√"。

规则提示：

折旧在每年年末计提一次，按生产线净值的1/3取整计提折旧（向下取整）。当年建成的生产线不计提折旧，当生产线净值小于3 M时，每年提1 M。比如，在第一年第1季度投资建立的柔性生产线，在第二年年末不计提折旧，在第三年年末计提折旧8 M，在第四年年末计提折旧5 M。

五、新市场开拓/ISO资格认证投资

（一）新市场开拓

营销总监从财务总监处申请开拓市场所需要的现金放置在沙盘开拓市场对应的位置。市场开拓完成后，年末持开拓市场的费用到交易处领取"市场准入"的标识，放置在对应市场的位置上。

市场准入规则如表5-13所示。

表 5-13　**市场准入规则**

市　　场	开拓费用	持续时间
区域	1 M	1 年
国内	2 M	2 年
亚洲	3 M	3 年
国际	4 M	4 年

(1)企业目前在本地市场经营,新市场包括区域、国内、亚洲、国际市场,不同市场投入的费用及时间不同,只有市场投入完成后方可在该市场投入广告选单。市场资格获准后仍需每年最少投入 1 M 的市场维护费,否则视为放弃该市场。

(2)市场开发投资按年度支付,允许同时开发多个市场,但每个市场每年最多投资为 1 M,不允许加速投资,但允许中断,领取市场准入证之后才允许进入该市场选单。

(二)ISO 资格认证投资

营销总监从财务总监处申请 ISO 资格认证所需要的现金,放置在 ISO 资格认证对应的位置。认证完成后,年末持认证投资的费用到交易处领取"ISO 资格认证"标识,放置在沙盘对应的位置。

ISO 的两项认证投资可同时进行或延期,相应投资完成后领取 ISO 资格,研发投资与认证投资计入当年综合费用。

产品认证规则如表 5-14 所示。

表 5-14　**产品认证规则表**

管理体系	ISO 9000	ISO 14000
建立时间	≥2 年	≥3 年
所需投资	1 M/年	1 M/年

进行了市场开拓或 ISO 认证投资后,在运营任务清单对应的方格内打"√";否则,打"×"。

财务总监根据营销总监的申请,审核后,将市场开拓和 ISO 资格认证所需要的现金支付给营销总监,并在任务清单对应的方格内记录现金的减少数。

CEO 在监督营销总监和财务总监完成以上操作后,在运营任务清单对应的方格内打"√"。

六、编制报表

沙盘模拟企业每年的经营结束后,应当编制相关会计报表,及时反映当年的财务和经营情况。在沙盘模拟企业中,主要编制产品核算统计表、综合费用计算表、利润表和资产负债表。

(一)产品核算统计表

产品核算统计表(格式见表 5-15)是核算企业在经营期间销售各种产品情况的报表。它可以反映企业在某一经营期间产品销售数量、销售收入、产品销售成本和毛利情况,是编制利润表的依据之一。利用产品核算统计表,可以帮助 CEO、财务总监、营销总监和生产总监进行盘面和账面的统一,也就是盘点。

表 5-15　产品核算统计表

	P1	P2	P3	P4	合　计
销售数量					
销售额					
销售成本					
毛　利					

产品核算统计表是企业根据自己的实际销售情况编制的,其数据来源于订单登记表(格式见表 5-16)。企业在取得销售订单后,营销总监应及时登记订单情况,当产品实现销售后,应及时登记产品销售的销售额、销售成本,并计算该产品的毛利。年末,企业经营结束后,营销总监根据订单登记表,分产品汇总各种产品的销售数量、销售额、销售成本和毛利,并将汇总结果填列在产品核算统计表中。

表 5-16　订单登记表

订单号								合　计
市　场								
产　品								
数　量								
账　期								
销售额								
成　本								
毛　利								
未　售								

之后,营销总监将产品核算统计表交给财务总监,财务总监根据产品核算统计表中汇总的数据,登记利润表中的销售收入、直接成本和毛利栏。

营销总监根据销售情况填写订单登记表。

（二）综合费用计算表

综合费用计算表（格式见表 5-17）是综合反映在经营期间发生的各种除产品生产成本、财务费用外的其他费用。综合费用根据沙盘上的"综合费用"处的支出进行填写。

表 5-17　综合费用计算表

单位：M

项　目	金　额	备　注
管理费		
广告费		
保养费		
租　金		
转产费		
市场准入开拓		□区域　□国内　□亚洲　□国际
ISO 资格认证		□ISO 9000　□ISO 14000
产品研发		P2（　）P3（　）P4（　）
其　他		
合　计		

综合费用计算表的填制方法如下：

（1）"管理费"项目根据企业当年支付的行政管理费填列。企业每季度支付 1 M 的行政管理费，不论企业经营与否，每年支付的行政管理费都是 4 M。其盘面中"管理费"处当年增加的现金数额应该与财务总监记录在经营流程表中的"支付行政管理费用"一栏的金额是一致的。

（2）"广告费"项目根据企业当年年初的"广告登记表"中的广告费填列。年末盘点时，盘面中"广告费"处当年增加的金额应该与财务总监记录在经营流程表中的"支付广告费"一栏的金额是一致的。

（3）"保养费"项目根据企业实际支付的生产线保养费填列。根据规则，只要生产线建设完工，不论是否生产，都应当支付保养费。年末盘点时，盘面中"维修费"处当年增加的金额应该与财务总监记录在经营流程表中的"支付设备维护费"一栏的金额是一致的。

（4）"租金"项目根据企业支付的厂房租金填列。如果企业的厂房是购买的，则不需填写此项。盘面上"租金"处当年增加的金额应该与财务总监记录在经营流程表中的"支付租金/购买厂房"一栏的金额是一致的。

（5）"转产费"根据企业生产线转产支付的转产费填列。

（6）"市场准入开拓"根据企业本年开发市场支付的开发费填列。为了明确开拓的市场,需要在"备注"栏本年开拓的市场前画"√"。

（7）"ISO 资格认证"项目根据企业本年 ISO 认证开发支付的开发费填列。为了明确认证的种类,需要在"备注"栏本年认证的名称前画"√"。

（8）"产品研发"项目根据本年企业研发产品支付的研发费填列。为了明确产品研发的品种,应在"备注"栏产品名称后的括号内记录研发所花费的金额。

（9）"其他"项目主要根据企业发生的其他支出填列。比如,出售生产线净值大于残值的部分等。

（三）利润表

利润表（格式见表 5-18）是反映企业一定期间经营状况的会计报表。利润表把一定期间内的营业收入与其同一期间相关的成本费用相配比,从而计算出企业一定时期的利润。通过编制利润表,可以反映企业生产经营的收益情况、成本耗费情况,表明企业生产经营成果。同时,通过利润表提供的不同时期的比较数据,可以分析企业利润的发展趋势和获利能力。

表 5-18　利润表的编制

项　目	行　次	数据来源
销售收入	1	产品核算统计表中的销售额合计
直接成本	2	产品核算统计表中的成本合计
毛　利	3	第 1 行数据－第 2 行数据
综合费用	4	表 5-17 所示的当年的"综合费用计算表"中的合计
折旧前利润	5	第 3 行数据－第 4 行数据
折　旧	6	上年设备价值的 1/3 向下取整
支付利息前利润	7	第 5 行数据－第 6 行数据
财务收入/支出	8	借款、贴现等支付的财务利息合计计入支出
其他收入/支出	9	违约金的数额
税前利润	10	第 7 行数据＋第 8 行财务收入－第 8 行财务支出＋第 9 行其他收入－第 9 行其他支出
所得税费用	11	第 10 行数据除以 3 取整
净利润	12	第 10 行数据－第 11 行数据

（四）资产负债表

资产负债表是反映企业某一特定日期财务状况的会计报表。它是根据

"资产＝负债＋所有者权益"的会计恒等式编制的。

从资产负债表的结构可以看出,资产负债表由期初数和期末数两个栏目组成。资产负债的"期初数"栏各项目数据应根据上年末资产负债表"期末数"栏内所列数字填列。

资产负债表的"期末数"栏各项目主要是根据有关项目期末余额资料编制,其数据的来源主要有以下几种:

(1)资产类项目主要根据沙盘盘面的资产状况通过盘点后的实际金额填列,盘面"现金"处金额应该与财务总监运营表中"期末现金对账"处金额一致。

(2)负债类项目中的"长期负债"和"短期负债"根据沙盘上的长期贷款和短期贷款数额填列。如果有将于1年内到期的非流动负债,应单独反映。盘面负债金额应该与财务总监记录的"贷款登记表"中的负债金额一致。

(3)"应交税费"项目根据企业本年"利润表"中的"所得税费用"项目的金额填列。

(4)"所有者权益类"中的股东权益项目,如果本年股东没有增资的,则直接根据上年末"利润表"中的"股东资本"项目填列;如果发生了增资,则为上年末的股东资本加上本年增资的资本。

(5)"利润留存"项目根据前一年度利润表中的"利润留存"和"年度净利润"两个项目的合计数填列。

(6)"年度净利润"项目根据本年度"利润表"中的"净利润"项目填列。

详细填写方式如表5-19所示。

表5-19　资产负债表的编制

资　产	数据来源	负债和所有者权益	数据来源
流动资产		负　债	
现　金	年末盘面现金库中的现金总数	短期负债	本年末盘面累计短期负债总额
应收账款	年末盘面应收账款总额	应付账款	本年末盘面累计应付账款总额
在制品	年末盘面生产线上的在制品总价值	应交税费	根据利润表中的所得税费用填列
成　品	年末盘面成品仓库中的成品总价值	1年内到期的非流动负债	盘面1年内到期的非流动负债数额
原材料	年末盘面原材料库中的原料总价值	长期负债	本年末盘面累计长期负债总额
流动资产合计	以上5项数据之和	负债合计	以上5项数据之和

续　表

资　产	数据来源	负债和所有者权益	数据来源
固定资产		所有者权益	
土地和建筑	厂房价值之和	股东资本	上年末的股东资本＋本年增资的资本
机器与设备	正在使用的生产线净值价值之和	利润留存年度净利润	上年末利润留存＋上年末净利润
在建工程	在建生产线净值价值之和	年度净利润	根据利润表中的净利润数填列
固定资产合计	以上3项数据之和	所有者权益合计	以上3项数据之和
资产总计	流动资产合计＋固定资产合计	负债和所有者权益总计	负债合计＋所有者权益合计

七、结账

一年经营结束，年终要进行一次"盘点"，编制"综合管理费用明细表"、"资产负债表"和"利润表"。一经结账后，本年度的经营也就结束，本年度所有的经营数据不能随意更改。结账后，CEO在运营任务清单对应的方格内打"√"。

八、反思与总结

经营结束后，CEO应召集团队成员对当年的经营情况进行分析，分析决策的成功与失败之处，经营的得与失，实际与计划的偏差及其原因，当年所犯的错误在以后能否还有补救的方法，应该如何避免下次再次出现类似的失误，等等。沙盘模拟是训练思维的过程，同时也是锻炼动手能力的过程。

学习情境六　创业模拟企业运营实录

项目一

认识企业模拟经营电子沙盘

一、创业者企业模拟经营系统简介

创业者企业模拟经营电子沙盘是在初始状态直接发放创业基金（现金），由团队创建一个企业，没有初始运营，从第一年开始，确定经营战略决策，制定生产、营销计划，开发大学生的创业思路。

二、创业者企业模拟经营系统操作规则

（一）初次登录

初次登录系统时需由选定的操盘手注册模拟企业的相关信息，如图 6-1 和图 6-2 所示。

图 6-1　模拟企业登录界面

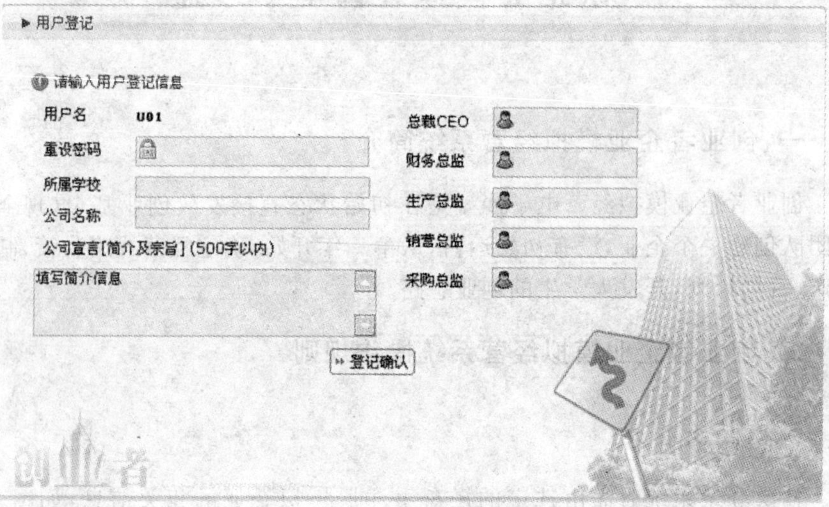

图 6-2　模拟企业注册界面

(二)操作界面介绍

模拟企业经营操作界面如图 6-3 所示,共分为 4 个部分。

(1)用户信息和信息栏(如图 6-3 中左边方框内所示):通过用户信息部分可了解到用户所在组别、公司资料、企业组织结构、企业信息(如图 6-4 所示)、用户状态、用户现金、当前时间、市场开拓、ISO 认证、生产资格等情况,还可以通过信息栏发送信息,与裁判取得联系。

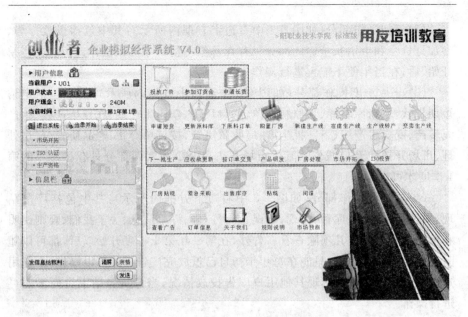

图 6-3 模拟企业经营操作界面

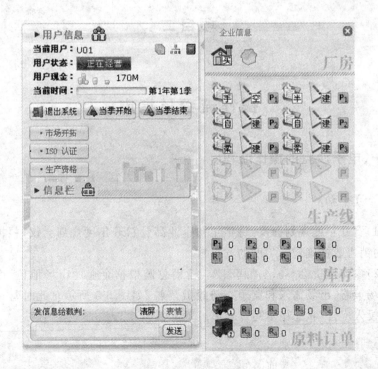

图 6-4 企业信息界面

(2)年初操作部分(如图 6-3 中右边上方框内所示):其中包括投放广告、参加订货会和申请长贷。此部分只有在每年年初时才可以操作,当点击"当季开始"后,在当年便不能再进行操作。

(3)1～4 季度操作部分(如图 6-3 中右边中方框内所示):其中包括申请短期贷款、更新原料库、下原料订单、购置厂房、新建生产线、在建生产线、生产线转产、变卖生产线、下一批生产、应收款更新、按订单交货、产品研发、厂房处理、市场开拓和 ISO 投资。其中市场开拓和 ISO 投资两部分只有在每年的第4 季度才可以操作。

(4)随时可操作部分(如图 6-3 中右边下方框内所示):其中包括厂房贴现、紧急采购、出售库存、贴现、间谍、查看广告、订单信息、关于我们、规则说明和市场预测。以上几项除查看广告外,在第一年第 1 季度开始以后,都可以随时进行操作;查看广告只能在每年年初自己投放完广告后才可以操作,全部用户投放完广告后才会出现其他用户广告投放情况,当订货会结束后便不能再进行操作。

项目二

操作流程及指南

一、电子沙盘的操作流程

(一)年初

(1)召开年度规划会议:每年年初企业高管召开年度规划会议,根据过去每年的销售数据确定本年度的方案。

(2)参加订货会/登记销售订单:营销总监根据企业的市场地位、产品策略、市场策略、市场需求和竞争态势投放广告,如图 6-5 所示。此时营销总监要在"投入广告"状态中填写广告单。

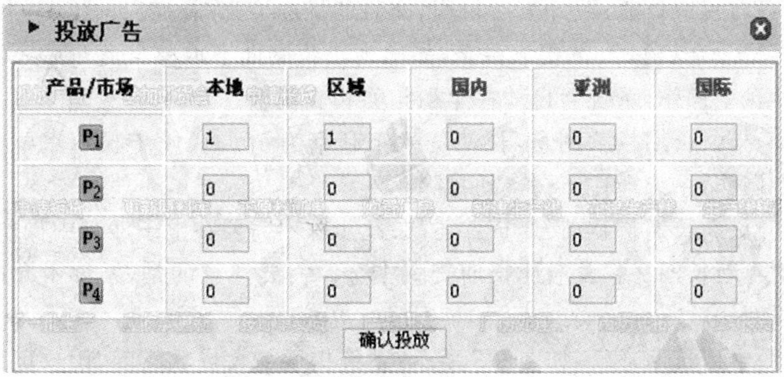

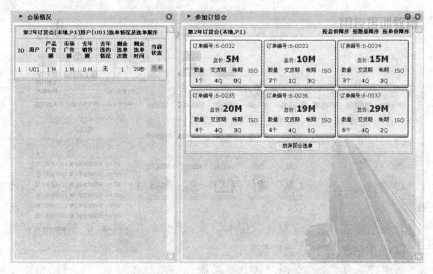

图 6-5　"投放广告"界面

电子沙盘广告投放规则与手工沙盘类似,详情参见本项目中电子沙盘中企业运营规则的选单规则部分。

在电子沙盘系统中将某市场某产品的选单过程称为回合。每回合选单可能有若干轮,每轮选单中,各组按照排定的顺序,依次选单,但只能选一张订单。当各组都选完之后,若再有订单,开始进行第 2 轮选单,依此类推,直到所有订单被选完或各组退出选单为止,本回合结束,如图 6-6 所示。

图 6-6　"参加订货会"选单界面

(3)制订本年度计划:财务总监根据本年度规划会议讨论结果填写本情境项目二中对应年度的现金预算表,以确定本年度内现金是否能够维持企业的正常运转。

(4)支付应付税;只计算所得税,交税的标准为,弥补完以前年度的亏损总和后再按盈余利润 25％提取税金,如出现小数则向下取整。此步骤不需要在电子沙盘中操作,系统会自动在年初扣除相应税金。

(5)支付长期贷款利息:长期贷款年利率为 10％。此步骤不需要在电子沙盘中操作,系统会在年初自动扣除。

(6)更新长期贷款/长期贷款还款:此步骤不需要在电子沙盘中操作,系统会自动更新长期贷款及应还长期贷款本金。需要注意的是,系统不允许提前偿还长期贷款。

(7)申请长期贷款:如图 6-7 所示,系统提示最大贷款额度,用户可以自行选择贷款年限,最长期限为 5 年,填写贷款金额。具体规则参见本项目中电子沙盘中企业运营规则的融资部分。

图 6-7 "申请长期贷款"界面

(二)年中(第 1~4 季度)

当年初操作结束时,应点击系统界面左边"当季开始"按钮,系统会自动完成还本付息、更新短期贷款、更新生产、完工入库、生产线完工和转产完工步骤,如图 6-8 所示。

(1)季初盘点:企业 CEO 在流程表中记录季初原材料、在制品和产品库存情况。

(2)更新短期贷款/短期贷款还本付息:此步骤不需要在电子沙盘中操作,但 CEO 应在流程表中记录相应数据。

(3)申请短期贷款:企业财务总监根据现金预算表所显示的数据决定是否申请短期贷款,如果申请,应由 CEO 记录在流程表中。

(4)原材料入库/更新原料订单:点击"更新原料库"按钮,确定后系统自动扣除所需现金。操作完此步骤以后,才可以进行以后步骤的操作,而前面的步骤将不能再次在本季度内进行操作。

（5）下原料订单：采购总监计算出企业所需采购的原材料数量，由操盘手填写到"下原料订单"中，"下原料订单"界面，如图 6-9 所示。

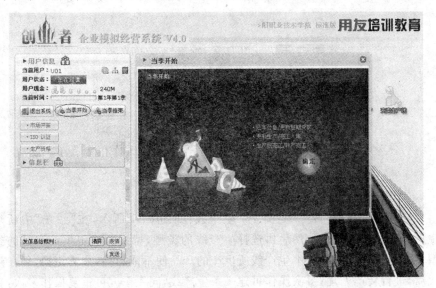

图 6-8　"当季开始"界面

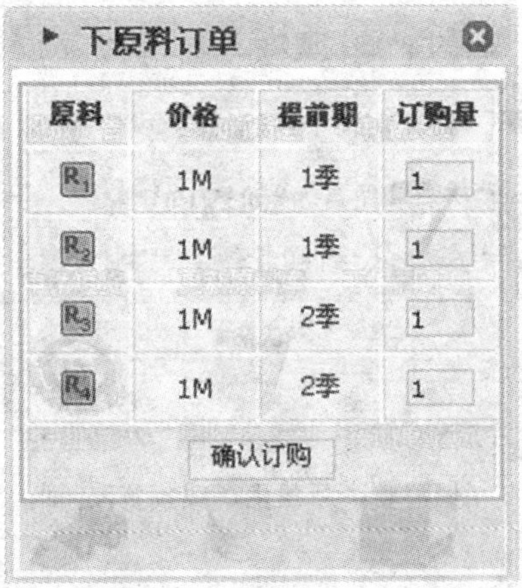

图 6-9　"下原料订单"界面

（6）购买/租用——厂房：如图 6-10 所示，①租用或购买厂房可以在任何季度进行。如果决定租用厂房或者厂房买转租，租金在开始租用的季度交付。②厂房租入后，一年后可作租转买、退租等处理，续租系统自动处理。③要建生产线,必须购买或租用厂房,没有租用或购买厂房不能新建生产线。④如果厂房中没有生产线,可以选择退租,系统将删除该厂房。

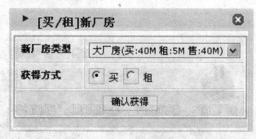

图 6-10 "购买/租用厂房"界面

(7)更新生产/完工入库:系统已自动完成。

(8)新建/在建/转产/变卖——生产线:如图 6-11 所示,在"系统"中新建生产线,需先选择厂房,然后再选择生产线的类型,特别要确定生产产品的类型;生产产品一经确定,本生产线所生产的产品便不能更换,如需更换,须在建成后,进行转产处理;每次操作可建一条生产线,同一季度可重复操作多次,直至生产线位置全部铺满;新建生产线一经确认,即刻进入第一期在建,当季便自动扣除现金。

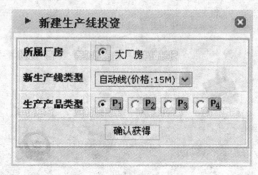

图 6-11 "新建生产线投资"界面

如有在建生产线,需要每个季度都进行操作,如图 6-12 所示,将在本季度需要投资的生产线前列的"选择项"上打"√"后,点击"确认投资"。在建生产线投资在每个季度只能操作一次。生产线转产及变卖均可多次操作。

(9)紧急采购原料:付款即到货,原材料价格为直接成本的 2 倍,成品价格为直接成本的 3 倍。紧急采购原材料和产品时,直接扣除现金。上报报表时,成本仍然按照标准成本记录,紧急采购多付出的成本,计入费用表损失项。此项可随时进行。

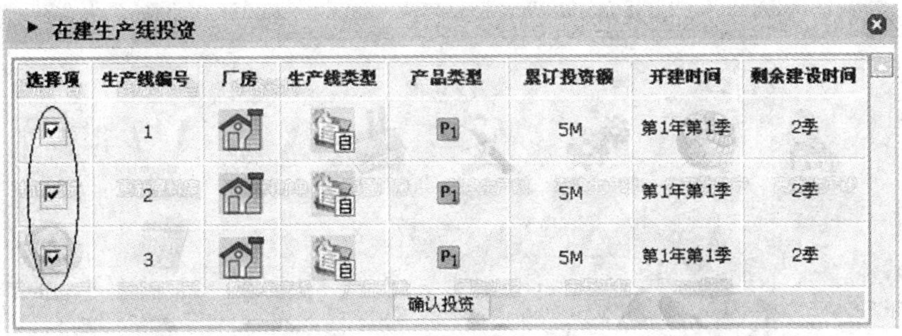

图 6-12 "在建生产线投资"界面

(10)开始下一批生产:在电子沙盘中点击"下一批生产"即可。如果原材料不足,则不能进行生产。

(11)应收款更新/应收款收现:此步骤需要财务总监提供数据,操盘手将在本季度到期的应收款数额填写到相应位置,如果填写的数额比实际的大,则需要重新填写;如果填的数额比实际的小,则损失的应收款可在后期收回。当企业更新完应收款后才可以进行以后的操作,但是应收款前面的操作在本季度将无法再次进行操作。

(12)按订单交货:营销总监根据库存及订单情况选择按哪张订单交货,每个季度都可以交货,应收账期从实际交货季开始算起,如图 6-13 所示。

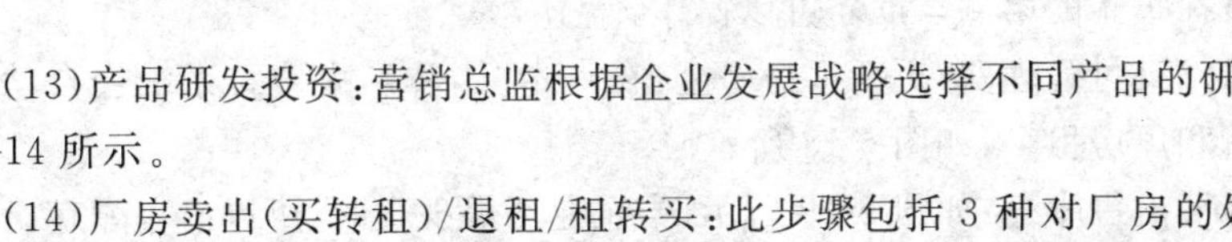

订单编号	产品	数量	市场	总价	得单年份	交货期	账期	操作
6-0037	P₁	6	本地	29M	第2年	4季	2季	确认交货

图 6-13 "按订单交货"界面

(13)产品研发投资:营销总监根据企业发展战略选择不同产品的研发,如图 6-14 所示。

(14)厂房卖出(买转租)/退租/租转买:此步骤包括 3 种对厂房的处理方式——卖出(买转租)、退租和租转买,如图 6-15 所示。厂房出售得到 4 个账期的应收款,如果厂房中有生产线,同时要扣租金。如果厂房是租赁的,在此厂房没有生产线的情况下,可以退租。如果厂房是租赁的,想买过来,必须在租金交付满一年后才可以点击"租转买"选项。例如,在第 5 年第 3 季度租赁的厂房,那么只有在第 6 年第 3 季度的时候可以操作此步骤,在第 6 年第 2 季度的时候此操作项是不会出现的。

图 6-14 "产品研发投资"界面

图 6-15 "厂房处理"界面

(15)新市场开拓/ISO 资格认证投资:如图 6-16 和图 6-17 所示,营销总监根据企业的发展战略选择不同的市场开拓投资及 ISO 资格,认证投资此操作只有在每年的第 4 季度才可以操作。

(16)支付管理费/更新厂房租金:在点击"当季结束"后,系统会自动扣除管理费和厂房租金,如图 6-18 所示。

(17)出售库存:如图 6-19 所示,当企业急需现金时,可以出售库存。原材料按 8 折计算,成品按成本计算,如果出现分数,则向下取整。此操作可随时进行。

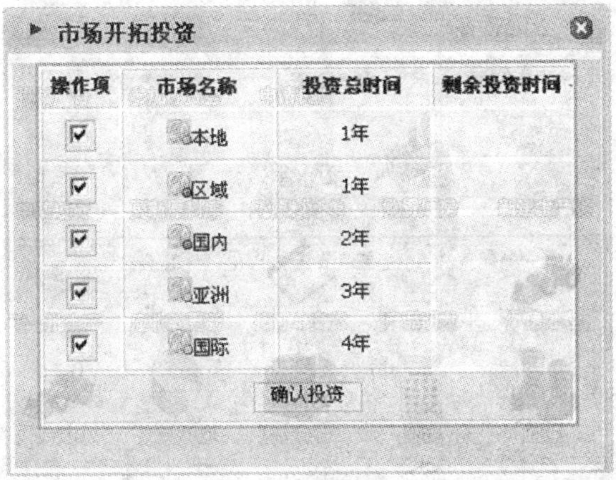

操作项	市场名称	投资总时间	剩余投资时间
☑	本地	1年	
☑	区域	1年	
☑	国内	2年	
☑	亚洲	3年	
☑	国际	4年	

▶ 市场开拓投资

确认投资

图 6-16　"市场开拓投资"界面

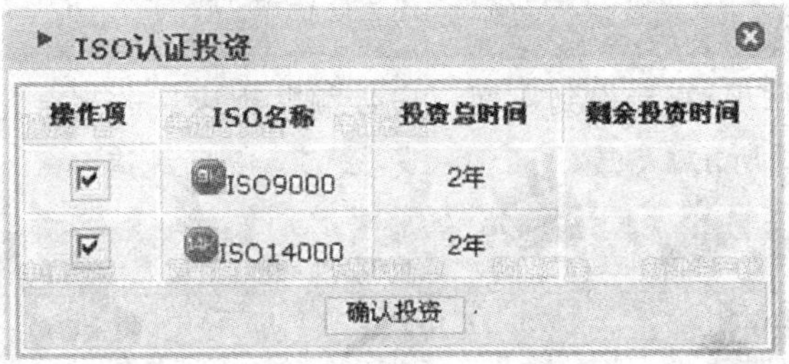

▶ ISO认证投资

操作项	ISO名称	投资总时间	剩余投资时间
☑	ISO9000	2年	
☑	ISO14000	2年	

确认投资

图 6-17　"ISO 认证投资"界面

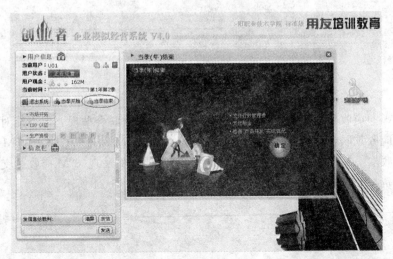

图 6-18　"当年结束"界面

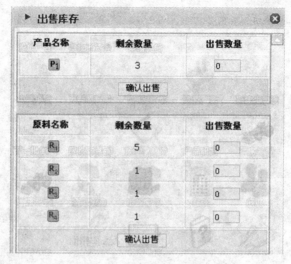

图 6-19　"出售库存"界面

　　(18)厂房贴现：直接得到 4 期厂房数额贴现以后的现金。此操作可随时进行，如图 6-20 所示。

图 6-20　"厂房贴现"界面

　　(19)应收款贴现：变现时贴息，可对同期应收款联合贴现。但不能对不同期的应收款联合贴现。1、2 期每 10 M 应收款交 1 M 贴现费（小于 10 M 的贴现均收取 1 M 贴现费），3、4 期应收款按 1∶7 的比例贴现（8 M 应收款交 1 M 贴现费，小于 8 M 的贴现也收取 1 M 贴现费），如图 6-21 所示。

图 6-21　"贴现"界面

(三)年末

以下 3 项在电子沙盘中点击"当年结束"后,系统均自动处理,如图 6-22 所示。

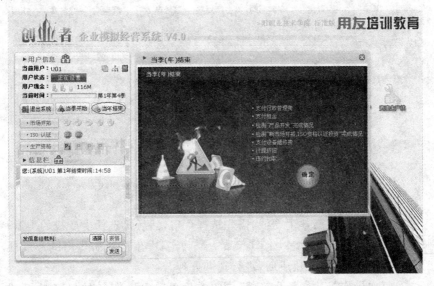

图 6-22　"当年结束"界面

(1)交纳违约订单罚款:所有订单要求在本年度完成(按订单上的产品数量和交货期交货),如果订单没有完成,则视为违约订单,按下列条款加以处罚:①按订单销售总额的20%(销售总额除以5后向下取整)计算违约金,并在当季扣除,违约金计入损失。②交货可以提前,但不可以推后,违约收回订单并扣违约金,应收账期从实际交货季开始算起。

(2)支付设备维护费。①必须交纳维护费的情况:生产线安装完成,不论是否开工生产,都必须在当年交纳维护费;正在进行转产的生产线也必须交纳维护费。②免交维护费的情况:凡已出售的生产线和新购正在安装的生产线不交纳维护费。

(3)计提折旧:当年建成的生产线不计提折旧,当净值等于残值时生产线不再计提折旧,但可以继续使用。其详情参见本项目中电子沙盘中企业运营规则的折旧部分。

二、电子沙盘中企业运营的规则

(一) 生产线

电子沙盘同手工沙盘一样,可供企业选择的生产线有手工、半自动、全自动和柔性四种,但是规则与手工沙盘有所不同,相关信息如图6-23所示。

生产线	购置费	安装周期	生产周期	总转产费	转产周期	维修费	残值
手工线	5M	无	3Q	0M	无	1M/年	1M
半自动	10M	2Q	2Q	1M	1Q	1M/年	2M
自动线	15M	3Q	1Q	2M	1Q	1M/年	3M
柔性线	20M	4Q	1Q	0M	无	1M/年	4M

图 6-23 生产线购置、安装、生产、转产、维修和残值

(1)在"系统"中新建生产线,需先选择厂房,然后再选择生产线的类型,特别要确定生产产品的类型。生产产品一经确定,本生产线所生产的产品便不能更换,如需更换,须在建成后,进行转产处理。

(2)每次操作可建一条生产线,同一季度可重复操作多次,直至生产线位置全部铺满。

(3)新建生产线一经确认,即刻进入第 1 期在建,当季便自动扣除现金。

(4)不论何时出售生产线,从生产线净值中取出相当于残值的部分计入现金,净值与残值之差计入损失。

(5)只有空的并且已经建成的生产线方可转产。

(二)在建生产线

生产线购买之后,需要进行 2 期以上投资的生产线均为在建生产线。当需要进行 2 期以上的投资时,手工操作需按照该生产线安装周期分期投资并安装,如全自动生产线安装操作可按表 6-1 所示进行。

表 6-1 全自动生产线的安装

操 作	投资额	安 装
1 Q	5 M	启动 1 期安装
2 Q	5 M	完成 1 期安装,启动 2 期安装
3 Q	5 M	完成 2 期安装,启动 3 期安装
4 Q		完成 3 期安装,生产线建成,可投入使用

投资生产线的支付不一定需要连续,可以在投资过程中中断投资,也可以在中断投资之后的任何季度继续投资但必须按照表 6-1 的投资原则进行操作。在"系统"中,可以不选择生产线投资,即表示本期不投资。

特别提示:

(1)一条生产线待最后一期投资到位后,必须到下一季度才算安装完成,允许投入使用。

(2)生产线安装完成后,必须将投资额放在设备价值处,以证明生产线安装完成。

(3)各用户之间不允许相互购买生产线。

(三)折旧(平均年限法)

每条生产线单独计提折旧,折旧采用平均年限法,折旧年限为 4 年。各种生产线完成规定年份的折旧后,该生产线将不再计提折旧,剩余的残值可以保留,直到该生产线变卖为止。当年新建成的生产线不提折旧。各类型生产线折旧数额如图 6-24 所示。在"系统"中,生产线折旧为年末自动处理。

当年建成生产线不计提折旧,当净值等于残值时生产线不再计提折旧,但可以继续使用。

生产线	购置费	残值	建成第1年	建成第2年	建成第3年	建成第4年	建成第5年
手工线	5M	1M	0M	1M	1M	1M	1M
半自动	10M	2M	0M	2M	2M	2M	2M
自动线	15M	3M	0M	3M	3M	3M	3M
柔性线	20M	4M	0M	4M	4M	4M	4M

图 6-24　生产线的折旧

（四）转产或变卖生产线

（1）生产线转产。先选择转产的生产线,然后确定转产的产品,确认处理即可。系统将按相应的转产费用扣除现金,并将该生产线置于转产状态。只有空生产线方可转产。

（2）生产线变卖。不论何时变卖生产线,将变卖的生产线按残值放入现金区,净值与残值之差放入"其他"费用,计入当年"综合费用"中的"损失"。在"系统"中,选择要变卖的生产线,然后"确认变卖"。

（五）融资

在电子沙盘中的融资额度不同于手工沙盘,贷款时间也有所不同,具体规则如图 6-25 所示。

贷款类型	贷款时间	贷款额度	年息	还款方式
长期贷款	每年年初	所有长短贷之和不超过上年权益 3 倍	10 %	年初付息,到期还本,10倍数
短期贷款	每季度初		5 %	到期一次还本付息,20倍数
资金贴现	任何时间	视应收款额	12.5 %（3季,4季）,10 %（1季,2季）	变现时贴息
库存拍卖	100 %（产品）80 %（原料）			

图 6-25　融　资

规则提示:

（1）长期和短期贷款信用额度。长、短期贷款的总额度为上年权益总计的 3 倍,长期贷款必须按 10 M 的倍数申请,短期贷款必须按 20 M 的倍数申请。

（2）贷款规则：

①长期贷款每年必须归还利息，到期还本，本利双清后，如果还有额度时，才允许重新申请贷款，即如果有贷款需要归还，同时还拥有贷款额度时，必须先归还到期的贷款，才能申请新贷款。不能以新贷还旧贷（续贷），短期贷款也按本规定执行。

②经营最后一年时，不要求归还没有到期的各类贷款。

③长期贷款最多可贷 5 年。

④所有的贷款不允许提前还款。

⑤企业间不允许私自融资，只允许企业向银行贷款，银行不提供高利贷。

（六）厂房

厂房是企业放置生产线的地方，如果厂房已满，则系统不允许购置生产线，具体规则如图 6-26 所示。

厂房	买价	租金	售价	容量	厂房出售得到4个账期的应收款，紧急情况下可厂房贴现，直接得到现金。
	40M	5M/年	40M	6	
	30M	3M/年	30M	4	

图 6-26　厂房购买、租赁和出售

厂房为一大（6 条生产线）、一小（4 条生产线）两个。

（七）市场准入

在电子沙盘中，本地市场也是需要企业开发的，各市场的开发也可以同时进行，可中途停止开发或使用，也可继续开发或在以后年份使用。市场资格无须交维护费，一经开发，永久使用。开发不同市场所需的时间和资金投入如图 6-27 所示。

市场	开发费	时间	开发费按开发时间在年末平均支付，不允许加速投资。市场开发完成后，领取相应的市场准入证。
本地	1M/年	1年	
区域	1M/年	1年	
国内	1M/年	2年	
亚洲	1M/年	3年	
国际	1M/年	4年	

图 6-27　市场开发费用及时间

（八）资格认证

随着竞争的加剧，客户对产品的质量以及环保的要求越来越高，企业是否具备 ISO 9000 质量认证及 ISO 14000。环境认证都是影响选单的制约条件。各认证的开发可以同时进行，可中途停止开发或使用，也可继续开发或在以后年份使用。国际认证资格无须交维护费，一经开发永久使用。国际认证投入时间及费用如图 6-28 所示。

认证	ISO9000	ISO14000	平均支付，认证完成后可以领取相应的 ISO 资格证。可中断投资。
时间	2年	2年	
费用	1M/年	2M/年	

图 6-28　国际认证投资时间及费用

（九）产品

要想生产某种产品，先要获得该产品的生产许可证，而要获得生产许可证，则必须经过产品研发。P1、P2、P3、P4 产品都需要研发后才能获得生产许可。研发需要分期投入研发费用。

产品研发规则如图 6-29 所示。

名称	开发费用	开发周期	加工费	直接成本	产品组成
P1	1M/季	2季	1M/个	2M/个	R1
P2	1M/季	4季	1M/个	3M/个	R1+R3
P3	1M/季	6季	1M/个	4M/个	R1+R3+R3
P4	2M/季	6季	1M/个	5M/个	R3+R3+2R3

图 6-29　产品研发时间、费用及组成

产品研发可以中断或终止，但不允许超前或集中投入，已投资的研发费不能回收；如果开发没有完成，"系统"不允许开工生产。

（十）原料

采购原材料需经过下原料订单和采购入库两个步骤，这两个步骤之间的时间差称为订单提前期，各种原材料提前期如图 6-30 所示。

名称	购买价格	提前期
	1M/个	1季
	1M/个	1季
	1M/个	2季
	1M/个	2季

图 6-30　原材料购买及采购周期

(1)没有下订单的原材料不能采购入库。

(2)所有下订单的原材料到期必须采购入库。

(3)原材料采购入库时必须支付现金。

(4)"系统"中每季只能操作一次。

(十一)选单规则

(1)市场预测。各公司可以根据市场的预测安排经营。

(2)广告费。投入广告费有两个作用:一是获得拿取订单的机会;二是判断选单顺序。投入 1 M 产品广告费,可以获得一次拿取订单的机会(如果不投产品广告,则没有选单机会),一次机会允许取得一张订单;如果要获得更多的拿单机会,每增加一个机会需要多投入 2 M 产品广告费。比如,投入 3 M 产品广告费表示有两次获得订单的机会,投入 5 M 产品广告费则表示有三次获得订单的机会……依此类推。

①无须对 ISO 单独投放广告,系统自动判定公司是否有 ISO 资格,确认其能否选有 ISO 要求的订单。

②市场老大有优先选单权(有若干组销售并列第一,则市场老大随机或可能无市场老大)。以本市场本产品广告额投放大小顺序依次选单。如果两组本市场本产品广告额相同,则看本市场广告投放总额。如果本市场广告总额也相同。则根据上年市场销售排名。如仍无法决定,先投广告者先选单。

(十二)订单

客户的需求以订单的形式表示,如图 6-31 和图 6-32 所示。订单上标注了订单编号、总价、数量、交货期、账期及 ISO 资格认证的要求。如果订单需要 ISO 资格认证,则在订单中出现 9 K 和 14 K 标志,如图 6-32 所示;反之,在 ISO 位置则不会出现 9 K、14 K 标志,如图 6-33 所示。

图 6-31　订单 1 　　　　　　　　　图 6-32　订单 2

(十三)取整规则

违约金扣除——向下取整;

库存拍卖所得现金——向下取整;

贴现费用——向上取整;

扣税——向下取整。

(十四)费用项目

税金:只计算所得税。交税的标准为弥补完以前年度的亏损总和后,再按盈余利润的 25% 提取税金。

特殊费用:库存折价拍卖、生产线变卖、紧急采购、订单违约、增减资(增资计损失为负)操作计入其他损失。

(十五)罚分

(1)运行超时扣分。运行超时有两种情况:一是指不能在规定时间完成广告投放,二是指不能在规定时间完成当年经营(以点击系统中"当年结束"按钮并"确认"为准)。

处罚:按总分 1 分/分钟(含 1 分钟内)计算罚分,最多不能超过 10 分钟。

(2)报表错误扣分。必须按指导教师规定的时间上报报表,且必须账实相符。如果上交的报表与创业者自动生成的报表对照有误,在总得分中扣罚 2 分/处,并以创业者提供的报表为准修订。必须对上交报表的时间作出规定,延误交报表即视为错误一次。由于运营超时引发延误上交报表视同报表错误并扣分。

(十六)竞赛排名

完成预先规定的经营年限,将根据各组的最后分数进行评分,分数高者为优胜。

总成绩＝所有者权益×(1＋企业综合发展潜力/100)－罚分

企业综合发展潜力计算如表 6-2 所示。

表 6-2　企业综合发展潜力

项　目	综合发展潜力系数
手工生产线	＋5 条
半自动生产线	＋7 条
全自动/柔性生产线	＋10 条
区域市场开发	＋10
国内市场开发	＋10
亚洲市场开发	＋10
国际市场开发	＋10
ISO 9000	＋10
ISO 14000	＋10
P1 产品开发	＋10
P2 产品开发	＋10
P3 产品开发	＋10
P4 产品开发	＋10

(十七)破产处理

当参赛组权益为负或现金断流时(权益和现金可以为零),企业破产。参赛组破产后,由裁判视情况适当增资后继续经营的破产组不参加有效排名。为了确保破产组不致过多从而影响比赛的正常进行,限制破产组每年投放的广告总数不能超过 6 M。

(十八)其他说明

企业模拟经营中,各企业之间不允许进行任何交易,包括现金及应收款的流通、原材料、产成品的买卖等。

附录一　手工沙盘记录表

起始年

企业经营流程 （请按顺序执行下列各项操作）	每执行完一项操作，CEO请在相应的方格内打"√"， 财务总监（助理）在方格中填写现金收支情况		
新年度规划会议			
参加订货会/登记销售订单			
制订新年度计划			
支付应付税			
季初现金盘点（请填余额）			
更新短期贷款/还本付息/申请短期贷款（高利贷）			
更新应付款/归还应付款			
原材料入库/更新原料订单			
下原料订单			
更新生产/完工入库			
投资新生产线/变卖生产线/生产线转产			
向其他企业购买原材料/出售原材料			
开始下一批生产			
更新应收款/应收款收现			
出售厂房			
向其他企业购买成品/出售成品			
按订单交货			
产品研发投资			

企业经营流程 (请按顺序执行下列各项操作)	每执行完一项操作,CEO请在相应的方格内打"√", 财务总监(助理)在方格中填写现金收支情况		
支付行政管理费			
其他现金收支情况登记			
支付利息/更新长期贷款/申请长期贷款			
支付设备维护费			
支付租金/购买厂房			
计提折旧			(　)
新市场开拓/ISO资格认证投资			
结　账			
现金收入合计			
现金支出合计			
期末现金对账(请填余额)			

订单登记表

订单号								合　计
市　场								
产　品								
数　量								
账　期								
销售额								
成　本								
毛　利								
未　售								

产品核算统计表

	P1	P2	P3	P4	合　计
数　量					
销售额					
成　本					
毛　利					

综合管理费用明细表

单位：百万

项 目	金 额	备 注
管理费		
广告费		
保养费		
租 金		
转产费		
市场准入开拓		□区域 □国内 □亚洲 □国际
ISO 资格认证		□ISO 9000 □ISO 14000
产品研发		P2( ) P3( ) P4( )
其 他		
合 计		

利润表

项 目	上年数	本年数
销售收入	35	
直接成本	12	
毛 利	23	
综合费用	11	
折旧前利润	12	
折 旧	4	
支付利息前利润	8	
财务收入/支出	4	
其他收入/支出		
税前利润	4	
所得税	1	
净利润	3	

资产负债表

资　产	期初数	期末数	负债和所有者权益	期初数	期末数
流动资产			负　债		
现　金	20		长期负债	40	
应收款	15		短期负债		
在制品	8		应付账款		
成　品	6		应交税金	1	
原　料	3		1年内到期的长期负债		
流动资产合计	52		负债合计	41	
固定资产			所有者权益		
土地和建筑	40		股东资本	50	
机器与设备	13		利润留存	11	
在建工程			年度净利	3	
固定资产合计	53		所有者权益合计	64	
资产总计	105		负债和所有者权益总计	105	

第一年

企业经营流程 (请按顺序执行下列各项操作)	每执行完一项操作,CEO 请在相应的方格内打"√", 财务总监(助理)在方格中填写现金收支情况			
新年度规划会议				
参加订货会/登记销售订单				
制订新年度计划				
支付应付税				
季初现金盘点(请填余额)				
更新短期贷款/还本付息/申请短期贷款(高利贷)				
更新应付款/归还应付款				
原材料入库/更新原料订单				
下原料订单				
更新生产/完工入库				
投资新生产线/变卖生产线/生产线转产				
向其他企业购买原材料/出售原材料				
开始下一批生产				
更新应收款/应收款收现				
出售厂房				
向其他企业购买成品/出售成品				
按订单交货				
产品研发投资				
支付行政管理费				
其他现金收支情况登记				
支付利息/更新长期贷款/申请长期贷款				
支付设备维护费				
支付租金/购买厂房				
计提折旧			( )	
新市场开拓/ISO 资格认证投资				
结　账				
现金收入合计				
现金支出合计				
期末现金对账(请填余额)				

现金预算表

	1	2	3	4
期初库存现金				
支付上年应交税				
市场广告投入				
贴现费用				
利息（短期贷款）				
支付到期短期贷款				
原料采购支付现金				
转产费用				
生产线投资				
工人工资				
产品研发投资				
收到现金前的所有支出				
应收款到期				
支付管理费用				
利息（长期贷款）				
支付到期长期贷款				
设备维护费用				
租 金				
购买新建筑				
市场开拓投资				
ISO 认证投资				
其 他				
库存现金余额				

要点记录：

第 1 季度：＿＿＿＿＿＿＿＿＿＿＿＿＿＿＿＿＿＿＿＿

第 2 季度：＿＿＿＿＿＿＿＿＿＿＿＿＿＿＿＿＿＿＿＿

第 3 季度：＿＿＿＿＿＿＿＿＿＿＿＿＿＿＿＿＿＿＿＿

第 4 季度：＿＿＿＿＿＿＿＿＿＿＿＿＿＿＿＿＿＿＿＿

年底小结：＿＿＿＿＿＿＿＿＿＿＿＿＿＿＿＿＿＿＿＿

订单登记表

订单号									合 计
市　　场									
产　　品									
数　　量									
账　　期									
销售额									
成　　本									
毛　　利									
未　　售									

产品核算统计表

	P1	P2	P3	P4	合　计
数　　量					
销售额					
成　　本					
毛　　利					

综合管理费用明细表

单位:百万元

项　　目	金　额	备　注
管理费		
广告费		
保养费		
租　金		
转产费		
市场准入开拓		□区域 □国内 □亚洲 □国际
ISO 资格认证		□ISO 9000 □ISO 14000
产品研发		P2(　) P3(　) P4(　)
其　他		
合　计		

利润表

项　目	上年数	本年数
销售收入		
直接成本		
毛　利		
综合费用		
折旧前利润		
折　旧		
支付利息前利润		
财务收入/支出		
其他收入/支出		
税前利润		
所得税		
净利润		

资产负债表

资　产	期初数	期末数	负债和所有者权益	期初数	期末数
流动资产			负　债		
现　金			长期负债		
应收款			短期负债		
在制品			应付账款		
成　品			应交税金		
原　料			1 年内到期的长期负债		
流动资产合计			负债合计		
固定资产			所有者权益		
土地和建筑			股东资本		
机器与设备			利润留存		
在建工程			年度净利		
固定资产合计			所有者权益合计		
资产总计			负债和所有者权益总计		

第一年总结

这是你接手这个企业的第一年，一定会有很多感想。在第一年里你是否盈利呢？你制定的战略执行效果如果呢？快将你的感想记录下来和你的的团队分享吧！

学会什么,记录知识点:
企业经营遇到哪些问题？
下一年准备如何改进？

第二年

企业经营流程 (请按顺序执行下列各项操作)	每执行完一项操作,CEO请在相应的方格内打"√", 财务总监(助理)在方格中填写现金收支情况			
新年度规划会议				
参加订货会/登记销售订单				
制订新年度计划				
支付应付税				
季初现金盘点(请填余额)				
更新短期贷款/还本付息/申请短期贷款(高利贷)				
更新应付款/归还应付款				
原材料入库/更新原料订单				
下原料订单				
更新生产/完工入库				
投资新生产线/变卖生产线/生产线转产				
向其他企业购买原材料/出售原材料				
开始下一批生产				
更新应收款/应收款收现				
出售厂房				
向其他企业购买成品/出售成品				
按订单交货				
产品研发投资				
支付行政管理费				
其他现金收支情况登记				
支付利息/更新长期贷款/申请长期贷款				
支付设备维护费				
支付租金/购买厂房				
计提折旧			( )	
新市场开拓/ISO资格认证投资				
结　账				
现金收入合计				
现金支出合计				
期末现金对账(请填余额)				

现金预算表

	1	2	3	4
期初库存现金				
支付上年应交税				
市场广告投入				
贴现费用				
利息(短期贷款)				
支付到期短期贷款				
原料采购支付现金				
转产费用				
生产线投资				
工人工资				
产品研发投资				
收到现金前的所有支出				
应收款到期				
支付管理费用				
利息(长期贷款)				
支付到期长期贷款				
设备维护费用				
租　金				
购买新建筑				
市场开拓投资				
ISO 认证投资				
其　他				
库存现金余额				

要点记录:

第 1 季度:＿＿＿＿＿＿＿＿＿＿＿＿＿＿＿＿＿＿＿＿＿＿＿

第 2 季度:＿＿＿＿＿＿＿＿＿＿＿＿＿＿＿＿＿＿＿＿＿＿＿

第 3 季度:＿＿＿＿＿＿＿＿＿＿＿＿＿＿＿＿＿＿＿＿＿＿＿

第 4 季度:＿＿＿＿＿＿＿＿＿＿＿＿＿＿＿＿＿＿＿＿＿＿＿

年底小结:＿＿＿＿＿＿＿＿＿＿＿＿＿＿＿＿＿＿＿＿＿＿＿

订单登记表

订单号									合计
市　场									
产　品									
数　量									
账　期									
销售额									
成　本									
毛　利									
未　售									

产品核算统计表

	P1	P2	P3	P4	合　计
数　量					
销售额					
成　本					
毛　利					

综合管理费用明细表

单位:百万元

项　目	金　额	备　注
管理费		
广告费		
保养费		
租　金		
转产费		
市场准入开拓		□区域 □国内 □亚洲 □国际
ISO 资格认证		□ISO 9000 □ISO 14000
产品研发		P2(　) P3(　) P4(　)
其　他		
合　计		

利润表

项 目	上年数	本年数
销售收入		
直接成本		
毛 利		
综合费用		
折旧前利润		
折 旧		
支付利息前利润		
财务收入/支出		
其他收入/支出		
税前利润		
所得税		
净利润		

资产负债表

资 产	期初数	期末数	负债和所有者权益	期初数	期末数
流动资产			负 债		
现 金			长期负债		
应收款			短期负债		
在制品			应付账款		
成 品			应交税金		
原 料			一年内到期的长期负债		
流动资产合计			负债合计		
固定资产			所有者权益		
土地和建筑			股东资本		
机器与设备			利润留存		
在建工程			年度净利		
固定资产合计			所有者权益合计		
资产总计			负债和所有者权益总计		

第二年总结

你的公司已经运营两年了,你肯定获得了很多不同于第一年的感受,渐渐从感性走向理性。快将你的感想记录下来和你的团队分享吧!

学会什么,记录知识点:

企业经营遇到哪些问题?

下一年准备如何改进?

第三年

企业经营流程 (请按顺序执行下列各项操作)	每执行完一项操作,CEO请在相应的方格内打"√", 财务总监(助理)在方格中填写现金收支情况			
新年度规划会议				
参加订货会/登记销售订单				
制订新年度计划				
支付应付税				
季初现金盘点(请填余额)				
更新短期贷款/还本付息/申请短期贷款(高利贷)				
更新应付款/归还应付款				
原材料入库/更新原料订单				
下原料订单				
更新生产/完工入库				
投资新生产线/变卖生产线/生产线转产				
向其他企业购买原材料/出售原材料				
开始下一批生产				
更新应收款/应收款收现				
出售厂房				
向其他企业购买成品/出售成品				
按订单交货				
产品研发投资				
支付行政管理费				
其他现金收支情况登记				
支付利息/更新长期贷款/申请长期贷款				
支付设备维护费				
支付租金/购买厂房				
计提折旧				( )
新市场开拓/ISO资格认证投资				
结　账				
现金收入合计				
现金支出合计				
期末现金对账(请填余额)				

现金预算表

	1	2	3	4
期初库存现金				
支付上年应交税				
市场广告投入				
贴现费用				
利息（短期贷款）				
支付到期短期贷款				
原料采购支付现金				
转产费用				
生产线投资				
工人工资				
产品研发投资				
收到现金前的所有支出				
应收款到期				
支付管理费用				
利息（长期贷款）				
支付到期长期贷款				
设备维护费用				
租 金				
购买新建筑				
市场开拓投资				
ISO 认证投资				
其 他				
库存现金余额				

要点记录：

第1季度：_____

第2季度：_____

第3季度：_____

第4季度：_____

年底小结：_____

订单登记表

订单号									合 计
市　场									
产　品									
数　量									
账　期									
销售额									
成　本									
毛　利									
未　售									

产品核算统计表

	P1	P2	P3	P4	合 计
数　量					
销售额					
成　本					
毛　利					

综合管理费用明细表

单位:百万元

项　目	金　额	备　注
管理费		
广告费		
保养费		
租　金		
转产费		
市场准入开拓		□区域 □国内 □亚洲 □国际
ISO 资格认证		□ISO 9000 □ISO 14000
产品研发		P2(　) P3(　) P4(　)
其　他		
合　计		

利润表

项 目	上年数	本年数
销售收入		
直接成本		
毛 利		
综合费用		
折旧前利润		
折 旧		
支付利息前利润		
财务收入/支出		
其他收入/支出		
税前利润		
所得税		
净利润		

资产负债表

资 产	期初数	期末数	负债和所有者权益	期初数	期末数
流动资产			负 债		
现 金			长期负债		
应收款			短期负债		
在制品			应付账款		
成 品			应交税金		
原 料			一年内到期的长期负债		
流动资产合计			负债合计		
固定资产			所有者权益		
土地和建筑			股东资本		
机器与设备			利润留存		
在建工程			年度净利		
固定资产合计			所有者权益合计		
资产总计			负债和所有者权益总计		

第三年总结

三年的时间是一个很长的时间跨度,回过头来审视你的战略是否成功?
对产品和市场做一次精确的分析,有助于发现你的利润在哪里?

学会什么,记录知识点:

企业经营遇到哪些问题?

面向未来的三年,你准备如何扬长避短,超越竞争对手?

第四年

企业经营流程 (请按顺序执行下列各项操作)	每执行完一项操作,CEO请在相应的方格内打"√", 财务总监(助理)在方格中填写现金收支情况		
新年度规划会议			
参加订货会/登记销售订单			
制订新年度计划			
支付应付税			
季初现金盘点(请填余额)			
更新短期贷款/还本付息/申请短期贷款(高利贷)			
更新应付款/归还应付款			
原材料入库/更新原材料订单			
下原料订单			
更新生产/完工入库			
投资新生产线/变卖生产线/生产线转产			
向其他企业购买原材料/出售原材料			
开始下一批生产			
更新应收款/应收款收现			
出售厂房			
向其他企业购买成品/出售成品			
按订单交货			
产品研发投资			
支付行政管理费			
其他现金收支情况登记			
支付利息/更新长期贷款/申请长期贷款			
支付设备维护费			
支付租金/购买厂房			
计提折旧			( )
新市场开拓/ISO资格认证投资			
结　账			
现金收入合计			
现金支出合计			
期末现金对账(请填余额)			

现金预算表

	1	2	3	4
期初库存现金				
支付上年应交税				
市场广告投入				
贴现费用				
利息（短期贷款）				
支付到期短期贷款				
原料采购支付现金				
转产费用				
生产线投资				
工人工资				
产品研发投资				
收到现金前的所有支出				
应收款到期				
支付管理费用				
利息（长期贷款）				
支付到期长期贷款				
设备维护费用				
租　金				
购买新建筑				
市场开拓投资				
ISO 认证投资				
其　他				
库存现金余额				

要点记录：

第 1 季度：＿＿＿＿＿＿＿＿＿＿＿＿＿＿＿＿＿＿＿＿＿＿＿＿＿＿＿＿＿

第 2 季度：＿＿＿＿＿＿＿＿＿＿＿＿＿＿＿＿＿＿＿＿＿＿＿＿＿＿＿＿＿

第 3 季度：＿＿＿＿＿＿＿＿＿＿＿＿＿＿＿＿＿＿＿＿＿＿＿＿＿＿＿＿＿

第 4 季度：＿＿＿＿＿＿＿＿＿＿＿＿＿＿＿＿＿＿＿＿＿＿＿＿＿＿＿＿＿

年底小结：＿＿＿＿＿＿＿＿＿＿＿＿＿＿＿＿＿＿＿＿＿＿＿＿＿＿＿＿＿

订单登记表

订单号									合计
市　场									
产　品									
数　量									
账　期									
销售额									
成　本									
毛　利									
未　售									

产品核算统计表

	P1	P2	P3	P4	合计
数　量					
销售额					
成　本					
毛　利					

综合管理费用明细表

单位:百万元

项　目	金　额	备　注
管理费		
广告费		
保养费		
租　金		
转产费		
市场准入开拓		□区域 □国内 □亚洲 □国际
ISO 资格认证		□ISO 9000 □ISO 14000
产品研发		P2( )　P3( )　P4( )
其　他		
合　计		

利润表

项　目	上年数	本年数
销售收入		
直接成本		
毛　利		
综合费用		
折旧前利润		
折　旧		
支付利息前利润		
财务收入/支出		
其他收入/支出		
税前利润		
所得税		
净利润		

资产负债表

资　产	期初数	期末数	负债和所有者权益	期初数	期末数
流动资产			负债		
现　金			长期负债		
应收款			短期负债		
在制品			应付账款		
成　品			应交税金		
原　料			一年内到期的长期负债		
流动资产合计			负债合计		
固定资产			所有者权益		
土地和建筑			股东资本		
机器与设备			利润留存		
在建工程			年度净利		
固定资产合计			所有者权益合计		
资产总计			负债和所有者权益总计		

第四年总结

　　这是你们自主当家的第四年,感觉如何? 是不是一个有收益的年度? 你们的战略执行得怎样? 将你的感想记录下来和你的团队分享。

学会什么,记录知识点:
企业经营遇到哪些问题?
下一年准备如何改进?

第五年

企业经营流程 (请按顺序执行下列各项操作)	每执行完一项操作,CEO请在相应的方格内打"√", 财务总监(助理)在方格中填写现金收支情况			
新年度规划会议				
参加订货会/登记销售订单				
制订新年度计划				
支付应付税				
季初现金盘点(请填余额)				
更新短期贷款/还本付息/申请短期贷款(高利贷)				
更新应付款/归还应付款				
原材料入库/更新原料订单				
下原料订单				
更新生产/完工入库				
投资新生产线/变卖生产线/生产线转产				
向其他企业购买原材料/出售原材料				
开始下一批生产				
更新应收款/应收款收现				
出售厂房				
向其他企业购买成品/出售成品				
按订单交货				
产品研发投资				
支付行政管理费				
其他现金收支情况登记				
支付利息/更新长期贷款/申请长期贷款				
支付设备维护费				
支付租金/购买厂房				
计提折旧				( )
新市场开拓/ISO 资格认证投资				
结　账				
现金收入合计				
现金支出合计				
期末现金对账(请填余额)				

现金预算表

	1	2	3	4
期初库存现金				
支付上年应交税				
市场广告投入				
贴现费用				
利息（短期贷款）				
支付到期短期贷款				
原料采购支付现金				
转产费用				
生产线投资				
工人工资				
产品研发投资				
收到现金前的所有支出				
应收款到期				
支付管理费用				
利息（长期贷款）				
支付到期长期贷款				
设备维护费用				
租　金				
购买新建筑				
市场开拓投资				
ISO 认证投资				
其　他				
库存现金余额				

要点记录：

第 1 季度：＿＿＿＿＿＿＿＿＿＿＿＿＿＿＿＿＿＿＿＿

第 2 季度：＿＿＿＿＿＿＿＿＿＿＿＿＿＿＿＿＿＿＿＿

第 3 季度：＿＿＿＿＿＿＿＿＿＿＿＿＿＿＿＿＿＿＿＿

第 4 季度：＿＿＿＿＿＿＿＿＿＿＿＿＿＿＿＿＿＿＿＿

年底小结：＿＿＿＿＿＿＿＿＿＿＿＿＿＿＿＿＿＿＿＿

订单登记表

订单号										合计
市　场										
产　品										
数　量										
账　期										
销售额										
成　本										
毛　利										
未　售										

产品核算统计表

	P1	P2	P3	P4	合　计
数　量					
销售额					
成　本					
毛　利					

综合管理费用明细表

单位:百万元

项　目	金　额	备　注
管理费		
广告费		
保养费		
租　金		
转产费		
市场准入开拓		□区域 □国内 □亚洲 □国际
ISO 资格认证		□ISO 9000 □ISO 14000
产品研发		P2(　) P3(　) P4(　)
其　他		
合　计		

利润表

项　目	上年数	本年数
销售收入		
直接成本		
毛　利		
综合费用		
折旧前利润		
折　旧		
支付利息前利润		
财务收入/支出		
其他收入/支出		
税前利润		
所得税		
净利润		

资产负债表

资　产	期初数	期末数	负债和所有者权益	期初数	期末数
流动资产			负债		
现　金			长期负债		
应收款			短期负债		
在制品			应付账款		
成　品			应交税金		
原　料			一年内到期的长期负债		
流动资产合计			负债合计		
固定资产			所有者权益		
土地和建筑			股东资本		
机器与设备			利润留存		
在建工程			年度净利		
固定资产合计			所有者权益合计		
资产总计			负债和所有者权益总计		

第五年总结

管理是科学,管理更是艺术。已经过去了五年,你一定有很多深刻的体会,那就一吐为快吧。

学会什么,记录知识点:

企业经营遇到哪些问题?

下一年准备如何改进?

第六年

企业经营流程 (请按顺序执行下列各项操作)	每执行完一项操作,CEO请在相应的方格内打"√", 财务总监(助理)在方格中填写现金收支情况			
新年度规划会议				
参加订货会/登记销售订单				
制订新年度计划				
支付应付税				
季初现金盘点(请填余额)				
更新短期贷款/还本付息/申请短期贷款(高利贷)				
更新应付款/归还应付款				
原材料入库/更新原料订单				
下原料订单				
更新生产/完工入库				
投资新生产线/变卖生产线/生产线转产				
向其他企业购买原材料/出售原材料				
开始下一批生产				
更新应收款/应收款收现				
出售厂房				
向其他企业购买成品/出售成品				
按订单交货				
产品研发投资				
支付行政管理费				
其他现金收支情况登记				
支付利息/更新长期贷款/申请长期贷款				
支付设备维护费				
支付租金/购买厂房				
计提折旧				( )
新市场开拓/ISO资格认证投资				
结　账				
现金收入合计				
现金支出合计				
期末现金对账(请填余额)				

现金预算表

	1	2	3	4
期初库存现金				
支付上年应交税				
市场广告投入				
贴现费用				
利息(短期贷款)				
支付到期短期贷款				
原料采购支付现金				
转产费用				
生产线投资				
工人工资				
产品研发投资				
收到现金前的所有支出				
应收款到期				
支付管理费用				
利息(长期贷款)				
支付到期长期贷款				
设备维护费用				
租　金				
购买新建筑				
市场开拓投资				
ISO 认证投资				
其　他				
库存现金余额				

要点记录:

第 1 季度:_____

第 2 季度:_____

第 3 季度:_____

第 4 季度:_____

年底小结:_____

订单登记表

订单号								合 计
市　场								
产　品								
数　量								
账　期								
销售额								
成　本								
毛　利								
未　售								

产品核算统计表

	P1	P2	P3	P4	合　计
数　量					
销售额					
成　本					
毛　利					

综合管理费用明细表

单位:百万元

项　目	金　额	备　注
管理费		
广告费		
保养费		
租　金		
转产费		
市场准入开拓		□区域 □国内 □亚洲 □国际
ISO 资格认证		□ISO 9000 □ISO14000
产品研发		P2(　) P3(　) P4(　)
其　他		
合　计		

利润表

项　目	上年数	本年数
销售收入		
直接成本		
毛　利		
综合费用		
折旧前利润		
折　旧		
支付利息前利润		
财务收入/支出		
其他收入/支出		
税前利润		
所得税		
净利润		

资产负债表

资　产	期初数	期末数	负债和所有者权益	期初数	期末数
流动资产			负　债		
现　金			长期负债		
应收款			短期负债		
在制品			应付账款		
成　品			应交税金		
原　料			一年内到期的长期负债		
流动资产合计			负债合计		
固定资产			所有者权益		
土地和建筑			股东资本		
机器与设备			利润留存		
在建工程			年度净利		
固定资产合计			所有者权益合计		
资产总计			负债和所有者权益总计		

第六年总结

结束了,是否有意犹未尽的感觉。结束也意味着新的开始,好好回顾一下,你最主要的收获是什么? 关于本课程你有哪些建议或希望?

你经营得如何? 成绩怎么样?
本次实训课程你印象最深的内容有哪些?
你有哪些重要的收获? 有哪些经验愿意和他人分享?
你认为企业经营成败最关键的因素是什么,为什么?
你有什么希望和建议?

生产计划及采购计划

表 B-1 生产计划及采购计划编制举例

生产线		第1年				第2年				第3年			
		一季度	二季度	三季度	四季度	一季度	二季度	三季度	四季度	一季度	二季度	三季度	四季度
1 手工	产品			P1			P1					P2	P2
	材料		R1										
2 手工	产品		P1		R1	P1							
	材料	R1											
3 手工	产品	P1			P1								
	材料												
4 半自动	产品		P1		P1								
	材料	R1											
5	产品												
	材料												
……	产品												
	材料												
合计	产品	1P1	2P1	1P1	2P1								
	材料	2R1	1R1		1R1								

表 B-2 生产计划及采购计划编制（1～3年）

生产线		第1年				第2年				第3年			
		一季度	二季度	三季度	四季度	一季度	二季度	三季度	四季度	一季度	二季度	三季度	四季度
1	产品												
	材料												
2	产品												
	材料												
3	产品												
	材料												
4	产品												
	材料												
5	产品												
	材料												
6	产品												
	材料												
7	产品												
	材料												
8	产品												
	材料												
合计	产品												
	材料												

表 B-3　生产计划及采购计划编制（4～6年）

生产线		第1年				第2年				第3年			
		一季度	二季度	三季度	四季度	一季度	二季度	三季度	四季度	一季度	二季度	三季度	四季度
1	产品												
	材料												
2	产品												
	材料												
3	产品												
	材料												
4	产品												
	材料												
5	产品												
	材料												
6	产品												
	材料												
7	产品												
	材料												
8	产品												
	材料												
合计	产品												
	材料												

开工计划

产品	第 1 年					第 2 年					第 3 年			
	一季度	二季度	三季度	四季度		一季度	二季度	三季度	四季度		一季度	二季度	三季度	四季度
R1														
R2														
R3														
R4														
人工														
付款														

产品	第 4 年					第 5 年					第 6 年			
	一季度	二季度	三季度	四季度		一季度	二季度	三季度	四季度		一季度	二季度	三季度	四季度
R1														
R2														
R3														
R4														
人工														
付款														

产品	第 7 年					第 8 年					第 9 年			
	一季度	二季度	三季度	四季度		一季度	二季度	三季度	四季度		一季度	二季度	三季度	四季度
R1														
R2														
R3														
R4														
人工														
付款														

采购及材料付款计划

第 1 年 / 第 2 年 / 第 3 年

产品	第 1 年				第 2 年				第 3 年			
	一季度	二季度	三季度	四季度	一季度	二季度	三季度	四季度	一季度	二季度	三季度	四季度
R1												
R2												
R3												
R4												
材料												
付款												

第 4 年 / 第 5 年 / 第 6 年

产品	第 4 年				第 5 年				第 6 年			
	一季度	二季度	三季度	四季度	一季度	二季度	三季度	四季度	一季度	二季度	三季度	四季度
R1												
R2												
R3												
R4												
材料												
付款												

第 7 年 / 第 8 年 / 第 9 年

产品	第 7 年				第 8 年				第 9 年			
	一季度	二季度	三季度	四季度	一季度	二季度	三季度	四季度	一季度	二季度	三季度	四季度
R1												
R2												
R3												
R4												
材料												
付款												

市场预测

　　这是一家权威的市场调研机构对未来六年里各个市场需求的预测,应该说这一预测有着很高的可信度。但根据这一预测进行企业的经营运作,其后果将由各企业自行承担。

　　P1 产品是目前市场上的主流技术,P2 作为对 P1 的技术改良产品,也比较容易获得大众的认同。

　　P3 和 P4 产品作为 P 系列产品里的高端技术,各个市场上对它们的认同度不尽相同,需求量与价格也会有较大的差异。

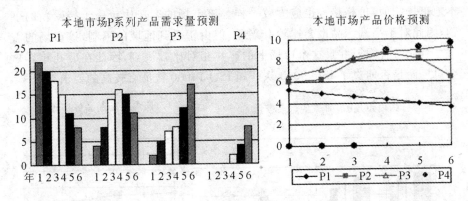

本地市场P系列产品需求量预测　　　　本地市场产品价格预测

　　本地市场将会持续发展,客户对低端产品的需求可能要下滑。伴随着需求的减少,低端产品的价格很有可能会逐步走低。后几年,随着高端产品的成熟,市场对 P3、P4 产品的需求将会逐渐增大。同时随着时间的推移,客户的质量意识将不断提高,后几年可能会对厂商是否通过了 ISO 9000 认证和 ISO 14000 认证有更多的要求。

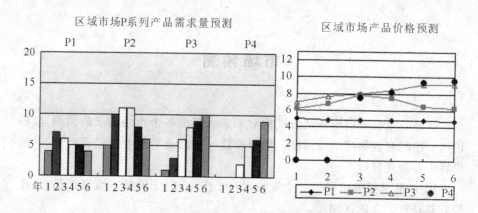

区域市场的客户对 P 系列产品的喜好相对稳定,因此市场需求量的波动也很有可能会比较平稳。因其紧邻本地市场,所以产品需求量的走势可能与本地市场相似,价格趋势也应大致一样。该市场的客户比较乐于接受新的事物,因此对于高端产品也会比较有兴趣,但由于受到地域的限制,该市场的需求总量非常有限。并且这个市场上的客户相对比较挑剔,因此在后几年客户会对厂商是否通过了 ISO 9000 认证和 ISO 14000 认证有较高的要求。

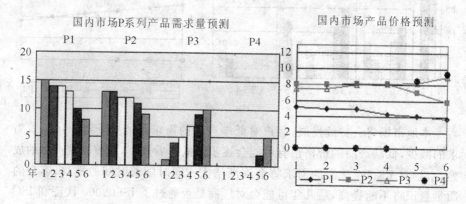

因 P1 产品带有较浓的地域色彩,估计国内市场对 P1 产品不会有持久的需求。但 P2 产品因为更适合于国内市场,所以估计需求会一直比较平稳。随着对 P 系列产品新技术的逐渐认同,估计对 P3 产品的需求会发展较快,但这个市场上的客户对 P4 产品却并不是那么认同。当然,对于高端产品来说,客户一定会更注重产品的质量保证。

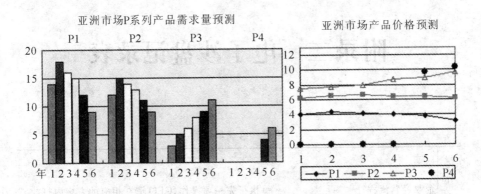

这个市场上的客户喜好一向波动较大,不易把握,所以对 P1 产品的需求可能起伏较大,估计 P2 产品的需求走势也会与 P1 相似。但该市场对新产品很敏感,因此估计对 P3、P4 产品的需求会发展较快,价格也可能不菲。另外,这个市场的消费者很看重产品的质量,所以在后几年里,如果厂商没有通过 ISO 9000 和 ISO 14000 的认证,其产品可能很难销售。

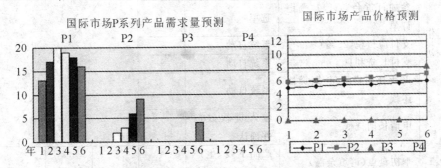

进入国际市场可能需要一个较长的时期。有迹象表明,目前这一市场上的客户对 P1 产品已经有所认同,需求也会比较旺盛。对于 P2 产品,客户将会谨慎地接受,但仍需要一段时间才能被市场所接受。对于新兴的技术,这一市场上的客户将会以观望为主,因此对于 P3 和 P4 产品的需求将会发展极慢。因为产品需求主要集中在低端,所以客户对于 ISO 的要求并不如其他几个市场那么高,但也不排除在后期会有这方面的需求。

附录二　电子沙盘记录表

用户　第一年经营

操作顺序	企业经营流程		每执行完一项操作,CEO 请在相应的方格内打"√"			
	手工操作流程	系统操作	手工记录			
年初	新年度规划会议					
	广告投放	输入广告费确认				
	参加订货会选订单/登记订单	选单				
	支付应付税(25％)	系统自动				
	支付长贷利息	系统自动				
	更新长期贷款/长期贷款还款	系统自动				
	申请长期贷款	输入贷款数额并确认				
1	季初盘点(请填余额)	产品下线,生产线完工(自动)				
2	更新短期贷款/短期贷款还本付息	系统自动				
3	申请短期贷款	输入贷款数额并确认				
4	原材料入库/更新原料订单	需要确认金额				
5	下原料订单	输入并确认				
6	购买/租用——厂房	选择并确认,自动扣现金				
7	更新生产/完工入库	系统自动				
8	新建/在建/转产/变卖——生产线	选择并确认				

续　表

操作顺序	企业经营流程	每执行完一项操作，CEO请在相应的方格内打"√"		
	手工操作流程	系统操作	手工记录	
9	紧急采购（随时进行）	随时进行输入并确认		
10	开始下一批生产	选择并确认		
11	更新应收款/应收款收现	需要输入到期金额		
12	按订单交货	选择交货订单确认		
13	产品研发投资	选择并确认		
14	厂房——出售（买转租）/退租/租转买	选择确认，自动转应收款		
15	新市场开拓/ISO资格投资	仅第4季允许操作		
16	支付管理费/更新厂房租金	系统自动		
17	出售库存	输入并确认（随时进行）		
18	厂房贴现	随时进行		
19	应收款贴现	输入并确认（随时进行）		
20	季末收入合计			
21	季末支出合计			
22	季末数额对账[（1）+（20）-（21）]			
年末	缴纳违约订单罚款（25%）	系统自动		
	支付设备维护费	系统自动		
	计提折旧	系统自动	（　　）	
	新市场/ISO资格换证	系统自动		
	结账			

现金预算表

	1	2	3	4
期初库存现金				
支付上年应交税				
市场广告投入				
贴现费用				
利息（短期贷款）				
支付到期短期贷款				
原料采购支付现金				
转产费用				
生产线投资				
工人工资				
产品研发投资				
收到现金前的所有支出				
应收款到期				
支付管理费用				
利息（长期贷款）				
支付到期长期贷款				
设备维护费用				
租　金				
购买新建筑				
市场开拓投资				
ISO 认证投资				
其　他				
库存现金余额				

要点记录：

第 1 季度：_____

第 2 季度：_____

第 3 季度：_____

第 4 季度：_____

年底小结：_____

用户名:第一年

费用表

项 目	金 额
管理费	
广告费	
设备维护费	
损 失	
转产费	
厂房租金	
新市场开拓	
ISO 资格认证	
产品研发	
信息费	
合 计	

利润表

项 目	金 额
销售收入	
直接成本	
毛 利	
综合费用	
折旧前利润	
折 旧	
支付利息前利润	
财务费用	
税前利润	
所得税	
年度净利润	

资产负债表

项 目	金 额	项 目	金 额
现 金		长期负债	
应收款		短期负债	
在制品		应交所得税	
产成品		—	—
原材料		—	—
流动资产合计		负债合计	
厂 房		股东资本	
生产线		利润留存	
在建工程		年度净利	
固定资产合计		所有者权益合计	
资产总计		负债和所有者权益总计	

注:库存折价拍价,生产线变卖,紧急采购,订单违约记入损失;
每年经营结束请将此表交到裁判处核对。

用户　第二年经营

操作顺序	企业经营流程		每执行完一项操作,CEO请在相应的方格内打"√"			
	手工操作流程	系统操作	手工记录			
年初	新年度规划会议					
	广告投放	输入广告费确认				
	参加订货会选订单/登记订单	选单				
	支付应付税(25%)	系统自动				
	支付长贷利息	系统自动				
	更新长期贷款/长期贷款还款	系统自动				
	申请长期贷款	输入贷款数额并确认				
1	季初盘点(请填余额)	产品下线,生产线完工(自动)				
2	更新短期贷款/短期贷款还本付息	系统自动				
3	申请短期贷款	输入贷款数额并确认				
4	原材料入库/更新原料订单	需要确认金额				
5	下原料订单	输入并确认				
6	购买/租用——厂房	选择并确认,自动扣现金				
7	更新生产/完工入库	系统自动				
8	新建/在建/转产/变卖——生产线	选择并确认				
9	紧急采购(随时进行)	随时进行输入并确认				
10	开始下一批生产	选择并确认				
11	更新应收款/应收款收现	需要输入到期金额				

操作顺序	企业经营流程		每执行完一项操作,CEO请在相应的方格内打"√"		
	手工操作流程	系统操作	手工记录		
12	按订单交货	选择交货订单确认			
13	产品研发投资	选择并确认			
14	厂房——出售(买转租)/退租/租转买	选择确认,自动转应收款			
15	新市场开拓/ISO资格投资	仅第4季允许操作			
16	支付管理费/更新厂房租金	系统自动			
17	出售库存	输入并确认(随时进行)			
18	厂房贴现	随时进行			
19	应收款贴现	输入并确认(随时进行)			
20	季末收入合计				
21	季末支出合计				
22	季末数额对账[(1)+(20)-(21)]				
年末	缴纳违约订单罚款(25%)	系统自动			
	支付设备维护费	系统自动			
	计提折旧	系统自动			(　　)
	新市场/ISO资格换证	系统自动			
	结　账				

现金预算表

	1	2	3	4
期初库存现金				
支付上年应交税				
市场广告投入				
贴现费用				
利息（短期贷款）				
支付到期短期贷款				
原料采购支付现金				
转产费用				
生产线投资				
工人工资				
产品研发投资				
收到现金前的所有支出				
应收款到期				
支付管理费用				
利息（长期贷款）				
支付到期长期贷款				
设备维护费用				
租　金				
购买新建筑				
市场开拓投资				
ISO 认证投资				
其　他				
库存现金余额				

要点记录：

第 1 季度：＿＿＿＿＿＿＿＿＿＿＿＿＿＿＿＿＿＿＿＿＿＿＿＿

第 2 季度：＿＿＿＿＿＿＿＿＿＿＿＿＿＿＿＿＿＿＿＿＿＿＿＿

第 3 季度：＿＿＿＿＿＿＿＿＿＿＿＿＿＿＿＿＿＿＿＿＿＿＿＿

第 4 季度：＿＿＿＿＿＿＿＿＿＿＿＿＿＿＿＿＿＿＿＿＿＿＿＿

年底小结：＿＿＿＿＿＿＿＿＿＿＿＿＿＿＿＿＿＿＿＿＿＿＿＿

用户名:第二年

费用表

项 目	金 额
管理费	
广告费	
设备维护费	
损 失	
转产费	
厂房租金	
新市场开拓	
ISO 资格认证	
产品研发	
信息费	
合 计	

利润表

项 目	金 额
销售收入	
直接成本	
毛 利	
综合费用	
折旧前利润	
折 旧	
支付利息前利润	
财务费用	
税前利润	
所得税	
年度净利润	

资产负债表

项 目	金 额	项 目	金 额
现 金		长期负债	
应收款		短期负债	
在制品		应交所得税	
产成品		—	—
原材料		—	—
流动资产合计		负债合计	
厂 房		股东资本	
生产线		利润留存	
在建工程		年度净利	
固定资产合计		所有者权益合计	
资产总计		负债和所有者权益总计	

注:库存折价拍价,生产线变卖,紧急采购,订单违约记入损失;
每年经营结束请将此表交到裁判处核对。

用户　第三年经营

操作顺序	企业经营流程		每执行完一项操作,CEO请在相应的方格内打"√"			
	手工操作流程	系统操作		手工记录		
年初	新年度规划会议					
	广告投放	输入广告费 确认				
	参加订货会选订单/登记订单	选单				
	支付应付税(25%)	系统自动				
	支付长贷利息	系统自动				
	更新长期贷款/长期贷款还款	系统自动				
	申请长期贷款	输入贷款数额并确认				
1	季初盘点(请填余额)	产品下线,生产线完工(自动)				
2	更新短期贷款/短期贷款还本付息	系统自动				
3	申请短期贷款	输入贷款数额并确认				
4	原材料入库/更新原料订单	需要确认金额				
5	下原料订单	输入并确认				
6	购买/租用——厂房	选择并确认,自动扣现金				
7	更新生产/完工入库	系统自动				
8	新建/在建/转产/变卖——生产线	选择并确认				
9	紧急采购(随时进行)	随时进行输入并确认				
10	开始下一批生产	选择并确认				
11	更新应收款/应收款收现	需要输入到期金额				

续　表

操作顺序	企业经营流程	每执行完一项操作,CEO请在相应的方格内打"√"		
	手工操作流程	系统操作	手工记录	
12	按订单交货	选择交货订单确认		
13	产品研发投资	选择并确认		
14	厂房——出售(买转租)/退租/租转买	选择确认,自动转应收款		
15	新市场开拓/ISO资格投资	仅第4季允许操作		
16	支付管理费/更新厂房租金	系统自动		
17	出售库存	输入并确认(随时进行)		
18	厂房贴现	随时进行		
19	应收款贴现	输入并确认(随时进行)		
20	季末收入合计			
21	季末支出合计			
22	季末数额对账[(1)+(20)-(21)]			
年末	缴纳违约订单罚款(25%)	系统自动		
	支付设备维护费	系统自动		
	计提折旧	系统自动		(　)
	新市场/ISO资格换证	系统自动		
	结　账			

现金预算表

	1	2	3	4
期初库存现金				
支付上年应交税				
市场广告投入				
贴现费用				
利息（短期贷款）				
支付到期短期贷款				
原料采购支付现金				
转产费用				
生产线投资				
工人工资				
产品研发投资				
收到现金前的所有支出				
应收款到期				
支付管理费用				
利息（长期贷款）				
支付到期长期贷款				
设备维护费用				
租 金				
购买新建筑				
市场开拓投资				
ISO 认证投资				
其 他				
库存现金余额				

要点记录：

第 1 季度：_____

第 2 季度：_____

第 3 季度：_____

第 4 季度：_____

年底小结：_____

用户名:第三年

费用表

项 目	金 额
管理费	
广告费	
设备维护费	
损 失	
转产费	
厂房租金	
新市场开拓	
ISO 资格认证	
产品研发	
信息费	
合 计	

利润表

项 目	金 额
销售收入	
直接成本	
毛 利	
综合费用	
折旧前利润	
折 旧	
支付利息前利润	
财务费用	
税前利润	
所得税	
年度净利润	

资产负债表

项 目	金 额	项 目	金 额
现 金		长期负债	
应收款		短期负债	
在制品		应交所得税	
产成品		—	—
原材料		—	—
流动资产合计		负债合计	
厂 房		股东资本	
生产线		利润留存	
在建工程		年度净利	
固定资产合计		所有者权益合计	
资产总计		负债和所有者权益总计	

注:库存折价拍价,生产线变卖,紧急采购,订单违约记入损失;

每年经营结束请将此表交到裁判处核对。

用户　第四年经营

操作顺序	企业经营流程		每执行完一项操作,CEO请在相应的方格内打"√"			
	手工操作流程	系统操作	手工记录			
年初	新年度规划会议					
	广告投放	输入广告费确认				
	参加订货会选订单/登记订单	选单				
	支付应付税(25%)	系统自动				
	支付长贷利息	系统自动				
	更新长期贷款/长期贷款还款	系统自动				
	申请长期贷款	输入贷款数额并确认				
1	季初盘点(请填余额)	产品下线,生产线完工(自动)				
2	更新短期贷款/短期贷款还本付息	系统自动				
3	申请短期贷款	输入贷款数额并确认				
4	原材料入库/更新原料订单	需要确认金额				
5	下原料订单	输入并确认				
6	购买/租用——厂房	选择并确认,自动扣现金				
7	更新生产/完工入库	系统自动				
8	新建/在建/转产/变卖——生产线	选择并确认				
9	紧急采购(随时进行)	随时进行输入并确认				
10	开始下一批生产	选择并确认				
11	更新应收款/应收款收现	需要输入到期金额				

操作顺序	企业经营流程		每执行完一项操作,CEO请在相应的方格内打"√"			
	手工操作流程	系统操作	手工记录			
12	按订单交货	选择交货订单确认				
13	产品研发投资	选择并确认				
14	厂房——出售(买转租)/退租/租转买	选择确认,自动转应收款				
15	新市场开拓/ISO资格投资	仅第4季允许操作				
16	支付管理费/更新厂房租金	系统自动				
17	出售库存	输入并确认(随时进行)				
18	厂房贴现	随时进行				
19	应收款贴现	输入并确认(随时进行)				
20	季末收入合计					
21	季末支出合计					
22	季末数额对账[(1)+(20)−(21)]					
年末	缴纳违约订单罚款(25%)	系统自动				
	支付设备维护费	系统自动				
	计提折旧	系统自动			( )	
	新市场/ISO资格换证	系统自动				
	结账					

现金预算表

	1	2	3	4
期初库存现金				
支付上年应交税				
市场广告投入				
贴现费用				
利息(短期贷款)				
支付到期短期贷款				
原料采购支付现金				
转产费用				
生产线投资				
工人工资				
产品研发投资				
收到现金前的所有支出				
应收款到期				
支付管理费用				
利息(长期贷款)				
支付到期长期贷款				
设备维护费用				
租　金				
购买新建筑				
市场开拓投资				
ISO 认证投资				
其　他				
库存现金余额				

要点记录:

第 1 季度:＿＿＿＿＿＿＿＿＿＿＿＿＿＿＿

第 2 季度:＿＿＿＿＿＿＿＿＿＿＿＿＿＿＿

第 3 季度:＿＿＿＿＿＿＿＿＿＿＿＿＿＿＿

第 4 季度:＿＿＿＿＿＿＿＿＿＿＿＿＿＿＿

年底小结:＿＿＿＿＿＿＿＿＿＿＿＿＿＿＿

用户名:第四年

费用表

项 目	金 额
管理费	
广告费	
设备维护费	
损 失	
转产费	
厂房租金	
新市场开拓	
ISO 资格认证	
产品研发	
信息费	
合 计	

利润表

项 目	金 额
销售收入	
直接成本	
毛 利	
综合费用	
折旧前利润	
折 旧	
支付利息前利润	
财务费用	
税前利润	
所得税	
年度净利润	

资产负债表

项 目	金 额	项 目	金 额
现 金		长期负债	
应收款		短期负债	
在制品		应交所得税	
产成品		—	—
原材料		—	—
流动资产合计		负债合计	
厂 房		股东资本	
生产线		利润留存	
在建工程		年度净利	
固定资产合计		所有者权益合计	
资产总计		负债和所有者权益总计	

注:库存折价拍价,生产线变卖,紧急采购,订单违约记入损失;
每年经营结束请将此表交到裁判处核对。

用户　第五年经营

操作顺序	企业经营流程	每执行完一项操作,CEO 请在相应的方格内打"√"		
	手工操作流程	系统操作	手工记录	
年初	新年度规划会议			
	广告投放	输入广告费确认		
	参加订货会选订单/登记订单	选单		
	支付应付税(25%)	系统自动		
	支付长贷利息	系统自动		
	更新长期贷款/长期贷款还款	系统自动		
	申请长期贷款	输入贷款数额并确认		
1	季初盘点(请填余额)	产品下线,生产线完工(自动)		
2	更新短期贷款/短期贷款还本付息	系统自动		
3	申请短期贷款	输入贷款数额并确认		
4	原材料入库/更新原料订单	需要确认金额		
5	下原料订单	输入并确认		
6	购买/租用——厂房	选择并确认,自动扣现金		
7	更新生产/完工入库	系统自动		
8	新建/在建/转产/变卖——生产线	选择并确认		
9	紧急采购(随时进行)	随时进行输入并确认		
10	开始下一批生产	选择并确认		
11	更新应收款/应收款收现	需要输入到期金额		

操作顺序	企业经营流程	每执行完一项操作,CEO请在相应的方格内打"√"			
	手工操作流程	系统操作	手工记录		
12	按订单交货	选择交货订单确认			
13	产品研发投资	选择并确认			
14	厂房——出售(买转租)/退租/租转买	选择确认,自动转应收款			
15	新市场开拓/ISO 资格投资	仅第 4 季允许操作			
16	支付管理费/更新厂房租金	系统自动			
17	出售库存	输入并确认(随时进行)			
18	厂房贴现	随时进行			
19	应收款贴现	输入并确认(随时进行)			
20	季末收入合计				
21	季末支出合计				
22	季末数额对账[(1)+(20)-(21)]				
年末	缴纳违约订单罚款(25%)	系统自动			
	支付设备维护费	系统自动			
	计提折旧	系统自动		( )	
	新市场/ISO 资格换证	系统自动			
	结　账				

现金预算表

	1	2	3	4
期初库存现金				
支付上年应交税				
市场广告投入				
贴现费用				
利息（短期贷款）				
支付到期短期贷款				
原料采购支付现金				
转产费用				
生产线投资				
工人工资				
产品研发投资				
收到现金前的所有支出				
应收款到期				
支付管理费用				
利息（长期贷款）				
支付到期长期贷款				
设备维护费用				
租　金				
购买新建筑				
市场开拓投资				
ISO 认证投资				
其　他				
库存现金余额				

要点记录：

第 1 季度：_____

第 2 季度：_____

第 3 季度：_____

第 4 季度：_____

年底小结：_____

用户名:第五年

费用表

项　目	金　额
管理费	
广告费	
设备维护费	
损　失	
转产费	
厂房租金	
新市场开拓	
ISO 资格认证	
产品研发	
信息费	
合　计	

利润表

项　目	金　额
销售收入	
直接成本	
毛　利	
综合费用	
折旧前利润	
折　旧	
支付利息前利润	
财务费用	
税前利润	
所得税	
年度净利润	

资产负债表

项　目	金　额	项　目	金　额
现　金		长期负债	
应收款		短期负债	
在制品		应交所得税	
产成品		—	—
原材料		—	—
流动资产合计		负债合计	
厂　房		股东资本	
生产线		利润留存	
在建工程		年度净利	
固定资产合计		所有者权益合计	
资产总计		负债和所有者权益总计	

注:库存折价拍价,生产线变卖,紧急采购,订单违约记入损失;

　　每年经营结束请将此表交到裁判处核对。

用户　第六年经营

操作顺序	企业经营流程		每执行完一项操作,CEO请在相应的方格内打"√"			
	手工操作流程	系统操作	手工记录			
年初	新年度规划会议					
	广告投放	输入广告费确认				
	参加订货会选订单/登记订单	选单				
	支付应付税(25%)	系统自动				
	支付长贷利息	系统自动				
	更新长期贷款/长期贷款还款	系统自动				
	申请长期贷款	输入贷款数额并确认				
1	季初盘点(请填余额)	产品下线,生产线完工(自动)				
2	更新短期贷款/短期贷款还本付息	系统自动				
3	申请短期贷款	输入贷款数额并确认				
4	原材料入库/更新原料订单	需要确认金额				
5	下原料订单	输入并确认				
6	购买/租用——厂房	选择并确认,自动扣现金				
7	更新生产/完工入库	系统自动				
8	新建/在建/转产/变卖——生产线	选择并确认				
9	紧急采购(随时进行)	随时进行输入并确认				
10	开始下一批生产	选择并确认				
11	更新应收款/应收款收现	需要输入到期金额				

操作顺序	企业经营流程	每执行完一项操作,CEO请在相应的方格内打"√"			
	手工操作流程	系统操作	手工记录		
12	按订单交货	选择交货订单确认			
13	产品研发投资	选择并确认			
14	厂房——出售(买转租)/退租/租转买	选择确认,自动转应收款			
15	新市场开拓/ISO 资格投资	仅第 4 季允许操作			
16	支付管理费/更新厂房租金	系统自动			
17	出售库存	输入并确认(随时进行)			
18	厂房贴现	随时进行			
19	应收款贴现	输入并确认(随时进行)			
20	季末收入合计				
21	季末支出合计				
22	季末数额对账 [(1)＋(20)－(21)]				
年末	缴纳违约订单罚款(25%)	系统自动			
	支付设备维护费	系统自动			
	计提折旧	系统自动			(　　)
	新市场/ISO 资格换证	系统自动			
	结　账				

现金预算表

	1	2	3	4
期初库存现金				
支付上年应交税				
市场广告投入				
贴现费用				
利息(短期贷款)				
支付到期短期贷款				
原料采购支付现金				
转产费用				
生产线投资				
工人工资				
产品研发投资				
收到现金前的所有支出				
应收款到期				
支付管理费用				
利息(长期贷款)				
支付到期长期贷款				
设备维护费用				
租　金				
购买新建筑				
市场开拓投资				
ISO 认证投资				
其　他				
库存现金余额				

要点记录：

第 1 季度：_____

第 2 季度：_____

第 3 季度：_____

第 4 季度：_____

年底小结：_____

用户名:第六年

费用表

项 目	金 额
管理费	
广告费	
设备维护费	
损失	
转产费	
厂房租金	
新市场开拓	
ISO 资格认证	
产品研发	
信息费	
合　计	

利润表

项 目	金 额
销售收入	
直接成本	
毛利	
综合费用	
折旧前利润	
折旧	
支付利息前利润	
财务费用	
税前利润	
所得税	
年度净利润	

资产负债表

项 目	金 额	项 目	金 额
现金		长期负债	
应收款		短期负债	
在制品		应交所得税	
产成品		—	—
原材料		—	—
流动资产合计		负债合计	
厂房		股东资本	
生产线		利润留存	
在建工程		年度净利	
固定资产合计		所有者权益合计	
资产总计		负债和所有者权益总计	

注:库存折价拍价,生产线变卖,紧急采购,订单违约记入损失;
　　每年经营结束请将此表交到裁判处核对。

市场预测(6组)

这是一家权威的市场调研机构对未来八年里各个市场需求的预测,应该说这一预测有着很高的可信度。但根据这一预测进行企业的经营运作,其后果将由各企业自行承担。

P1产品是目前市场上的主流技术,P2作为对P1的技术改良产品,也比较容易获得大众的认同。

P3和P4产品作为P系列产品里的高端技术,各个市场上对它们的认同度不尽相同,需求量与价格也会有较大的差异。

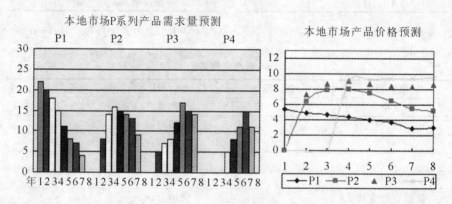

本地市场P系列产品需求量预测　　　　本地市场产品价格预测

本地市场将会持续发展,对低端产品的需求可能要下滑,伴随着需求的减少,低端产品的价格很有可能走低。后几年,随着高端产品的成熟,市场对P3、P4产品的需求将会逐渐增大。由于客户对质量意识的不断提高,后几年可能对产品的ISO 9000和ISO 14000认证有更多的需求。

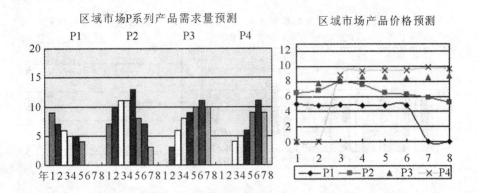

区域市场P系列产品需求量预测　　　区域市场产品价格预测

　　区域市场的客户相对稳定,对 P 系列产品需求的变化很有可能比较平稳。因紧邻本地市场,所以产品需求量的走势可能与本地市场相似,价格趋势也应大致一样。该市场容量有限,对高端产品的需求也可能相对较小,但客户会对产品的 ISO 9000 和 ISO 14000 认证有较高的要求。

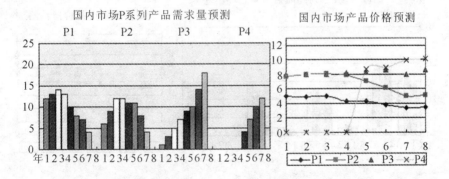

国内市场P系列产品需求量预测　　　国内市场产品价格预测

　　因 P1 产品带有较浓的地域色彩,估计国内市场对 P1 产品不会有持久的需求。但 P2 产品因更适合于国内市场,估计需求一直比较平稳。随着对 P 系列产品的逐渐认同,估计对 P3 产品的需求会发展较快。但对 P4 产品的需求就不一定像 P3 产品那样旺盛了。当然,对高价值的产品来说,客户一定会更注重产品的质量认证。

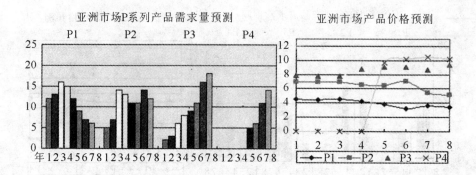

这个市场一向波动较大，所以对 P1 产品的需求可能起伏较大，估计对 P2 产品的需求走势与 P1 相似。但该市场对新产品很敏感，因而估计对 P3、P4 产品的需求量会发展较快，价格也可能不菲。另外，这个市场的消费者很看重产品的质量，所以没有 ISO 9000 和 ISO 14000 认证的产品可能很难销售。

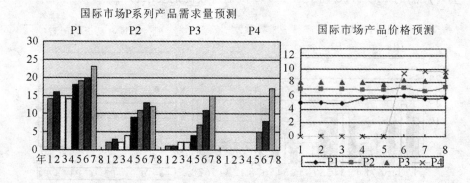

P 系列产品进入国际市场可能需要一个较长的时期。有迹象表明，对 P1 产品已经有所认同，但还需要一段时间才能被市场接受。同样，对 P2、P3 和 P4 产品也会很谨慎地接受，需求发展较慢。当然，国际市场的客户也会关注具有 ISO 认证的产品。

公司贷款记录表

贷款类		1年				2年				3年				4年			
		1	2	3	4	1	2	3	4	1	2	3	4	1	2	3	4
短贷	借																
	应还																
	核销																
长贷	借																
	应还																
	核销																

贷款类		5年				6年				7年				8年			
		1	2	3	4	1	2	3	4	1	2	3	4	1	2	3	4
短贷	借																
	应还																
	核销																
长贷	借																
	应还																
	核销																

生产计划及采购计划编制（1～3年）

生产线		第1年				第2年				第3年			
		一季度	二季度	三季度	四季度	一季度	二季度	三季度	四季度	一季度	二季度	三季度	四季度
1	产品												
	材料												
2	产品												
	材料												
3	产品												
	材料												
4	产品												
	材料												
5	产品												
	材料												
6	产品												
	材料												
7	产品												
	材料												
8	产品												
	材料												
合计	产品												
	材料												

生产计划及采购计划编制（4～6年）

生产线		第1年				第2年				第3年			
		一季度	二季度	三季度	四季度	一季度	二季度	三季度	四季度	一季度	二季度	三季度	四季度
1	产品												
	材料												
2	产品												
	材料												
3	产品												
	材料												
4	产品												
	材料												
5	产品												
	材料												
6	产品												
	材料												
7	产品												
	材料												
8	产品												
	材料												
合计													

附录三　全国大学生创业设计暨沙盘模拟经营大赛辽宁赛区资料

A　第五届"用友杯"全国大学生创业设计暨沙盘模拟经营大赛辽宁赛区决赛规则

以下规则为 2009 年第五届"用友杯"全国大学生创业设计暨沙盘模拟经营大赛辽宁赛区高职组总决赛的规则,最终解释权归大赛组委会所有。

一、参赛队

每支参赛队 5 名队员,分工如下:总经理、财务总监、营销总监、采购总监、生产总监。

提请注意:

(1)非参观时间,带队老师不允许入场,否则取消参赛资格。

(2)比赛期间,所有参赛队员不得使用手机与外界联系,电脑仅限于作为创业者运行平台,可以自制一些工具,但不得登录 Internet 与外界联系,否则取消参赛资格。

(3)每一个代表队只允许有一台电脑连接服务器。

二、运行方式及监督

本次大赛采用创业者电子沙盘(简称"创业者")与实物沙盘相结合的方式运作企业,所有运作必须在"创业者"模拟平台上记录,手工沙盘只作为辅助运作工具。

考虑到商业情报的获取,每年运行完成后,必须按照当年末结束状态,将运作结果摆在手工沙盘上,以便现场各队收集情报用。

各队应具备至少一台具有 RJ45 网卡的笔记本电脑,作为创业者运行平台。

大赛设裁判组,负责大赛中所有比赛过程的监督和争议裁决。

三、企业运营流程

企业运营流程须严格按照竞赛手册——经营记录表中列示的流程执行。CEO 按照经营记录表中指示的顺序发布执行指令，每项任务完成后，CEO 须在任务后对应的方格中打"√"。

四、竞赛规则

(一)生产线

生产线	购置费	安装周期	生产周期	总转产费	转产周期	维修费	残值
手 手工线	5 M	无	3 Q	0 M	无	1 M/年	1 M
半 半自动	10 M	2 Q	2 Q	1 M	1 Q	1 M/年	2 M
自 自动线	15 M	3 Q	1 Q	2 M	1 Q	2 M/年	3 M
柔 柔性线	20 M	4 Q	1 Q	0 M	无	2 M/年	4 M

不论何时出售生产线，从生产线净值中取出相当于残值的部分计入现金，净值与残值之差计入损失；

只有空的并且已经建成的生产线方可转产；

当年建成的生产线需要交维修费。

(二)折旧(平均年限法)

生产线	购置费	安装周期	生产周期	总转产费	转产周期	维修费	残值
手 手工线	5 M	1 M	0	1 M	1 M	1 M	1 M
半 半自动	10 M	2 M	0	2 M	2 M	2 M	2 M
自 自动线	15 M	3 M	0	3 M	3 M	3 M	3 M
柔 柔性线	20 M	4 M	0	4 M	4 M	4 M	4 M

当年建成生产线不计提折旧,当净值等于残值时生产线不再计提折旧,但可以继续使用。

(三)融资

贷款类型	贷款时间	贷款额度	年　息	还款方式
长期贷款	每年年初	所有长贷和短贷之和不能超过上年权益的 3 倍	年初付息,到期还本;每次贷款为 10 的倍数
短期贷款	每季度初		到期一次还本付息;每次贷款为 20 的倍数
资金贴现	任何时间	视应收款额	10%(1 季、2 季)12.5%(3 季、4 季)	变现时贴息,可对 1、2 季应收款联合贴现(3、4 季同理)
库存拍卖		原材料八折,成品按成本价		

(四)厂房

厂　房	买　价	租　金	售　价	容　量	厂房出售得到 4 个账期的应收款,紧急情况下厂房可贴现(4 季贴现),直接得到现金,如厂房中有生产线,同时要扣租金
大厂房	40 M	5 M/年	40 M	6 条	
小厂房	30 M	3 M/年	30 M	4 条	

每季均可租或买,并作相应处理,租满一年的厂房在满期的季度(如第 2 季租的,则在以后各年第 2 季为满年,可进行处理),需要用"厂房处置"进行"租转买"、"退租"(当厂房中没有任何生产线时)等处理,如果未加处理,则原来的租用的厂房在当季末自动续租;厂房不计提折旧;生产线不允许在不同厂房间移动。

（五）市场准入

市　场	开发费	时　间
🖐本地	1 M/年	1 年
🖐区域	1 M/年	1 年
🖐国内	1 M/年	2 年
🖐亚洲	1 M/年	3 年
🖐国际	1 M/年	4 年

开发费用按开发时间在年末平均支付，不允许加速投资。

市场开发完成后，领取相应的市场准入证

无须交维护费，中途停止使用，也可继续拥有资格并可以在以后年份使用。

（六）资格认证

认　证	🔲 ISO 9000	🔲 ISO 14000
时　间	2 年	2 年
费　用	1 M/年	2 M/年

平均支付，认证完成后可以领取相应的 ISO 资格证，可中断投资

无须交维护费，中途停止使用，也可继续拥有资格并可以在以后年份使用。

（七）产品

名　称	开发费用	开发周期	加工费	直接成本	产品组成
P₁	1 M/季	2 季	1 M/个	2 M/个	R₁
P₂	1 M/季	4 季	1 M/个	3 M/个	R₂+R₃
P₃	1 M/季	6 季	1 M/个	4 M/个	R₁+R₃+R₄
P₄	2 M/季	6 季	2 M/个	5 M/个	P₁+R₄

（八）原料

名　称	购买价格	提前期
R_1	1 M/个	1季
R_2	1 M/个	1季
R_3	1 M/个	2季
R_4	1 M/个	2季

（九）紧急采购

付款即到货，原材料价格为直接成本的2倍，成品价格为直接成本的3倍。

紧急采购原材料和产品时，直接扣除现金。上报报表时，成本仍然按照标准成本记录，紧急采购多付出的成本计入费用表损失项。

（十）选单规则

市场老大有优先选单权（有若干队销售并列第一，则老大随机或可能无老大），其次以本市场本产品广告额投放大小顺序依次选单；如果两队本市场本产品广告额相同，则看本市场广告投放总额；如果本市场广告总额也相同，则看上年市场销售排名；如仍无法决定，先投广告者先选单。第一年无订单。必须在倒计时大于10秒时选单，出现确认框要在3秒内按下确认按钮，否则可能选单无效。

（十一）订单违约

按订单交货可以提前，但不可以推后，违约收回订单并扣违约金，如订单规定3季交货，则可以在1、2、3季交货均可，应收账期从实际交货季开始算起。

（十二）取整规则

违约金扣除——向下取整；

库存拍卖所得现金——向下取整；

贴现费用——向上取整；

扣税——向下取整。

(十三)特殊费用项目

库存折价拍卖、生产线变卖、紧急采购、订单违约、增减资（增资计损失为负）操作计入其他损失。

(十四)重要参数

▶ 系统参数

违约扣款百分比	20	%	最大长贷年限	5 年
库存折价率(产品)	100	%	库存折价率(原料)	80 %
长期贷款利率	10	%	短期贷款利率	5 %
贷款额倍数	3	倍	初始现金(股东资本)	90 M
贴现率(1,2期)	10	%	贴现率(3,4期)	12.5 %
管理费	1	M	信息费	0 M
紧急采购倍数(原料)	2	倍	紧急采购倍数(产品)	3 倍
所得税率	25	%	最大经营年限	6 年
选单时间	60	秒	选单补时时间	20 秒
间谍有效时间	600	秒	间谍使用间隔	3600 秒
市场老大	⦿有 ○无			

确定

(十五)竞赛排名

完成预先规定的经营年限，根据各队的最后分数进行评分，分数高者为优胜。

总成绩＝所有者权益×(1＋企业综合发展潜力/100)－罚分

企业综合发展潜力如下：

项　目	综合发展潜力系数
手工生产线	+5/条
半自动生产线	+7/条
全自动/柔性线	+10/条
区域市场开发	+10
国内市场开发	+10
亚洲市场开发	+10
国际市场开发	+10
ISO 9000	+10
ISO 14000	+10
P1 产品开发	+10
P2 产品开发	+10
P3 产品开发	+10
P4 产品开发	+10

(十六)罚分规则

1.运行超时扣分

运行超时有两种情况:一是指不能在规定时间完成广告投放;二是指不能在规定时间完成当年经营(以点击系统中"当年结束"按钮并确认为准)。

处罚:每次扣罚 5 分,超时最多不能超过 10 分钟。如果到 10 分钟后还不能完成相应的运行,将取消其参赛资格。

2.报表错误扣分

必须按规定时间上报报表,且必须是账实相符,如果上交的报表与创业者自动生成的报表对照有误,在总得分中扣罚 2 分/次,并以创业者提供的报表为准修订。

注意:必须对上交报表时间作规定,延误交报表即视为错误一次。由运营超时引发延误交报表视同报表错误并扣分。

3.盘面遮掩违规扣分

考虑到商业情报的获取,每年运行完成后,必须按照当年末结束状态,将运作结果摆在手工沙盘上,以便现场各队收集情报用。如果擅自遮掩或改动盘面,扣 2 分/次。

4.申请还原操作扣分

参赛队伍在运营过程中申请"用户还原本年"操作,将扣罚 10 分/次。

5.其他违规扣分

在运行过程中下列情况属违规：

(1)对裁判正确的判罚不服从。

(2)在比赛期间擅自到其他赛场走动。

(3)指导教师擅自进入比赛现场。

(4)其他严重影响比赛正常进行的活动。

如有以上行为者,视情节轻重,扣除该队总得分的5～10分。

6.严重违规扣分

参赛队伍在比赛进行中严重违反赛会规定,违背公平竞赛原则,干扰比赛进行,将视情况扣罚20分,情节严重的直接取消比赛资格。

注意:裁判组有最终裁决权,在比赛期间(从比赛开始到颁奖结束)不接受指导教师提交的比赛相关申诉。

比赛时间以服务器时间为准。

(十七)破产处理

当参赛队权益为负或现金断流时(权益和现金可以为零),企业破产。

参赛队破产后,由裁判视情况适当增资后继续经营。破产队不参加有效排名。

为了确保破产队不致过多影响比赛的正常进行,限制破产队每年投放广告时每种产品广告费只能投1 M,且无论什么情况均最后一个选单。

注:比赛时以此规则为准,不要参看系统内集成规则和市场预测。

B 第六届"用友杯"全国大学生创业设计暨沙盘
模拟经营大赛辽宁赛区决赛规则

以下规则为 2010 年第六届"用友杯"全国大学生创业设计暨沙盘模拟经营大赛辽宁赛区高职组总决赛的规则,最终解释权归大赛组委会所有。

一、参赛队

每支参赛队 5 名队员,分工如下:总经理、财务总监、营销总监、采购总监、生产总监。

提请注意:

(1)带队老师不允许入场。

(2)比赛期间,所有参赛队员不得使用手机与外界联系,电脑仅限于作为创业者运行平台,可以自制一些工具,但不得登录 Internet 与外界联系,否则取消参赛资格。

(3)每个代表队只允许有一台电脑连接服务器。

(4)比赛时间以本赛区所用服务器时间为准。

二、运行方式及监督

本次大赛采用创业者电子沙盘(简称"创业者")与实物沙盘相结合的方式运作企业,所有运作必须在"创业者"模拟平台上记录,手工沙盘只作为辅助运作工具。

考虑到商业情报的获取,每年运行完成后,必须按照当年末结束状态,将运作结果摆在手工沙盘上,以便现场各队收集情报用。

各队应具备至少一台具有 RJ45 网卡的笔记本电脑,作为创业者运行平台。关于创业者电子沙盘的操作说明可在 http://www.135e.com/Download/下载(前台使用说明)。

大赛设裁判组,负责大赛中所有比赛过程的监督和争议裁决。

提请注意:

自带电脑操作系统和 IE 浏览要保持干净,无病毒,操作系统为 Windows

XP,IE浏览器版本在(包括) 6.0 以上,同时需要安装 flash player 插件。请各队至少多备一台电脑,以防万一。

三、企业运营流程

企业运营流程须按照竞赛规划——经营记录表中列示的流程严格执行。CEO 按照经营记录表中指示的顺序发布执行指令,每项任务完成后,CEO 须在任务后对应的方格中打"√"。参赛队务必填写经营记录,申请还原操作时,必须提供填写完整的当年的"经营记录表",否则不予还原。

每年经营结束后,各参赛队需提交综合费用明细表、利润表和资产负债表。

注:参赛队在 6 年经营中一共且只允许申请一次还原操作。

四、竞赛规则

(一)生产线

生产线	购置费	安装周期	生产周期	总转产费	转产周期	维修费	残　值
手工线	5 M	无	2 Q	0 M	无	1 M/年	1 M
自动线	15 M	3 Q	1 Q	2 M	1 Q	2 M/年	3 M
柔性线	20 M	4 Q	1 Q	0 M	无	2 M/年	4 M

不论何时出售生产线,从生产线净值中取出相当于残值的部分计入现金,净值与残值之差计入损失;

只有空的并且已经建成的生产线方可转产;

当年建成的生产线、转产中生产线都要交维修费。

(二)折旧(平均年限法)

生产线	购置费	残 值	建成第 1 年	建成第 2 年	建成第 3 年	建成第 4 年	建成第 5 年
手工线	5 M	1 M	0	1 M	1 M	1 M	1 M
自动线	15 M	3 M	0	3 M	3 M	3 M	3 M
柔性线	20 M	4 M	0	4 M	4 M	4 M	4 M

当年建成生产线当年不提折旧,当净值等于残值时生产线不再计提折旧,但可以继续使用。

(三)融资

贷款类型	贷款时间	贷款额度	年 息	还款方式
长期贷款	每年年初	所有长贷和短贷之和不能超过上年权益的3倍	10%	年初付息,到期还本;每次贷款为 10 的倍数
短期贷款	每季度初		5%	到期一次还本付息;每次贷款为 20 的倍数
资金贴现	任何时间	视应收款额	10%(1 季、2 季),12.5%(3 季、4 季),	变现时贴息,可对1、2 季应收联合贴现(3、4 季同理)
库存拍卖		原材料八折,成品按成本价		

(四)厂房

厂 房	买 价	租 金	售 价	容 量	
大厂房	40 M	5 M/年	40 M	6 条	厂房出售得到 4 个账期的应收款,紧急情况下厂房可贴现(4季贴现),直接得到现金,如厂房中有生产线,同时要扣租金
小厂房	30 M	3 M/年	30 M	4 条	

　　每季均可租或买,租满一年的厂房在满年的季度(如第 2 季租的,则在以后各年第 2 季为满年,可进行处理),需要用"厂房处置"进行"租转买"、"退租"(当厂房中没有任何生产线时)等处理,如果未加处理,则原来租用的厂房在满年季末自动续租;厂房不计提折旧;生产线不允许在不同厂房间移动。

(五)市场准入

市　场	开发费	时　间
本地	1 M/年	1 年
区域	1 M/年	1 年
国内	1 M/年	2 年
亚洲	1 M/年	3 年
国际	1 M/年	4 年

　　开发费用按开发时间在年末平均支付,不允许加速投资。
　　市场开发完成后,领取相应的市场准入证

　　无须交维护费,中途停止使用,也可继续拥有资格并在以后年份使用。

(六)资格认证

认　证	ISO 9000	ISO 14000
时　间	2 年	2 年
费　用	1 M/年	2 M/年

　　平均支付,认证完成后可以领取相应的 ISO 资格证,可中断投资

　　无须交维护费,中途停止使用,也可继续拥有资格并在以后年份使用。

(七)产品

名　称	开发费用	开发周期	加工费	直接成本	产品组成
P1	1 M/季	2 季	1 M/个	2 M/个	R1
P2	1 M/季	3 季	1 M/个	3 M/个	R2+R3
P3	1 M/季	4 季	1 M/个	4 M/个	R1+R3+R4
P4	2 M/季	5 季	1 M/个	5 M/个	R2+R3+2R4

（八）原料

名 称	购买价格	提前期
R₁	1 M/个	1 季
R₂	1 M/个	1 季
R₃	1 M/个	2 季
R₄	1 M/个	2 季

（九）紧急采购

付款即到货，原材料价格为直接成本的 2 倍，成品价格为直接成本的 3 倍。

紧急采购原材料和产品时，直接扣除现金。上报报表时，成本仍然按照标准成本记录，紧急采购多付出的成本计入费用表损失项。

（十）选单规则

市场老大（某市场上年所有产品销售总和第一且该市场无违约）有优先选单权（有若干队销售并列第一，则老大随机或可能无老大）；以本市场本产品广告额投放大小顺序依次选单；如果两队本市场本产品广告额相同，则看本市场广告投放总额；如果本市场广告总额也相同，则看上年市场销售排名；如仍无法决定，先投广告者先选单。第一年无订单。

提请注意：

（1）必须在倒计时大于 10 秒时选单，出现确认框要在 3 秒内按下确认按纽，否则可能造成选单无效。

（2）在某细分市场（如本地、P1）有多次选单机会，只要放弃一次，则视同放弃该细分市场所有选单机会。

（十一）竞单会（系统一次放两张订单同时竞，并显示所有订单）

在第 3 年和第 5 年订货会后，召开竞单会。并于第 2 年结束和第 4 年结束时下发第 3 年和第 5 年参加竞单会的订单明细。

参与竞标的订单标明了订单编号、市场、产品、数量、ISO 要求等，而总价、交货期、账期三项为空。竞标订单的相关要求说明如下：

1.投标资质

参与投标的公司需要有相应市场、ISO 认证的资质，但不必有生产资格。

中标的公司需为该单支付 1 M 标书费，计入广告费。

如果已竞得单数和本次同时竞单数（即 2）大于现金余额，则不能再竞。即必须有一定现金库存作为保证金。如同时竞 2 张订单，库存现金为 5 M，已经竞得 4 张订单，扣除了 4 M 标书费，还剩余 1 M 库存现金，则不能继续参与竞单，因为万一再竞得 2 张，1 M 库存现金不足支付标书费。

破产队不能参与投标。

2. 投标

参与投标的公司须根据所投标的订单，在系统规定时间（90 秒，以倒计时秒形式显示）填写总价、交货期、账期三项内容，确认后由系统按照以下公式计算：

$$得分＝100＋（5－交货期）×4＋应收账期－总价$$

得分最高者中标。

如果计算分数相同，则先提交者中标。

提请注意：

总价不能低于（可以等于）成本价，也不能高于（可以等于）成本价的 3 倍；

必须为竞单留足时间，如在倒计时小于等于 10 秒再提交，可能无效；

竞得订单与选中订单一样，算市场销售额，对计算市场老大同样有效。

（十二）订单违约

订单必须在规定季或提前交货，应收账期从交货季开始算起。

（十三）取整规则

违约金扣除——向下取整；

库存拍卖所得现金——向下取整；

贴现费用——向上取整；

扣税——向下取整。

（十四）特殊费用项目

库存折价拍卖、生产线变卖、紧急采购、订单违约操作计入其他损失。

(十五)重要参数

▶ 系统参数

参数	值	单位	参数	值	单位
违约扣款百分比	20	%	最大长贷年限	5	年
库存折价率(产品)	100	%	库存折价率(原料)	80	%
长期贷款利率	10	%	短期贷款利率	5	%
贷款额倍数	3	倍	初始现金(股东资本)	70	M
贴现率(1,2期)	10	%	贴现率(3,4期)	12.5	%
管理费	1	M	信息费	5	M
紧急采购倍数(原料)	2	倍	紧急采购倍数(产品)	3	倍
所得税率	25	%	最大经营年限	6	年
选单时间	50	秒	选单补时时间	25	秒
间谍有效时间	600	秒	间谍使用间隔	3000	秒
竞拍时间	40	秒	竞拍同拍数	2	
市场老大	⊙ 有 ○ 无				

提请注意:

(1)每市场每产品选单时第一个队选单时间为 75 秒,自第二个队起,选单时间设为 50 秒。

(2)初始资金为 70 M。

(3)信息费 5 M/次。

(十六)竞赛排名

完成预先规定的经营年限,将根据各队的最后分数进行评分,分数高者为优胜。

总成绩=所有者权益×(1+企业综合发展潜力/100)−罚分

企业综合发展潜力如下:

项　目	综合发展潜力系数
手工生产线	＋5/条
全自动/柔性线	＋10/条
区域市场开发	＋10
国内市场开发	＋10
亚洲市场开发	＋10
国际市场开发	＋10
ISO 9000	＋10
ISO 14000	＋10
P1 产品开发	＋10
P2 产品开发	＋10
P3 产品开发	＋10
P4 产品开发	＋10

提请注意：

如有若干队分数相同,则最后一年在系统中先结束经营者排名靠前。

生产线建成即加分,无须生产出产品,也无须有在制品。市场老大和厂房无加分。

(十七)罚分规则

1.运行超时扣分

运行超时有两种情况:一是指不能在规定时间完成广告投放(可提前投广告);二是指不能在规定时间完成当年经营(以点击系统中"当年结束"按钮并确认为准)。

处罚:按总分 1 分/分钟(不满一分钟算一分钟)计算罚分,最多不能超过10 分钟。如果到 10 分钟后还不能完成相应的运行,将取消其参赛资格。

2.报表错误扣分

必须按规定时间上报报表,且必须是账实相符,如果上交的报表与创业者自动生成的报表对照有误,在总得分中扣罚 5 分/次,并以创业者提供的报表为准修订。

注意:必须对上交报表时间作规定,延误交报表即视为错误一次。由运营超时引发延误交报表视同报表错误并扣分。

3.盘面不实扣分

考虑到商业情报的获取,每年运行完成后,必须按照当年末结束状态,将运作结果摆在手工沙盘上,以便现场各队收集情报用。各队可以数币,翻牌查看,遇到提问必须如实回答。如果盘面与报表不符或隐瞒盘面状态,扣5分/次。

4. 申请还原操作扣分

参赛队伍在运营过程中申请"用户还原本年"操作,将扣罚20分/次。

5. 其他违规扣分

在运行过程中下列情况属违规:

(1)对裁判正确的判罚不服从。

(2)在比赛期间擅自到其他赛场走动。

(3)指导教师擅自进入比赛现场。

(4)其他严重影响比赛正常进行的活动。

如有以上行为者,视情节轻重,扣除该队总得分的5~10分。

6. 严重违规扣分

参赛队伍在比赛进行中严重违反赛会规定,违背公平竞赛原则,干扰比赛进行,将视情况扣罚20分,情节严重的直接取消比赛资格。

注意:裁判组有最终裁决权,在比赛期间(从比赛开始到颁奖结束)不接受指导教师提交的比赛相关申诉。

比赛时间以服务器时间为准。

(十八)破产处理

当参赛队权益为负(指当年结束系统生成资产负债表时为负)或现金断流时(权益和现金可以为零),企业破产。

破产队伍如为某市场老大,继续经营不影响其资格。

参赛队破产后,由裁判视情况适当增资后继续经营。破产队不参加有效排名。

为了确保破产队不致过多影响比赛的正常进行,限制破产队每年投放广告时每种产品广告费只能投1 M,且总数不能超过6 M,无论什么情况均最后一个选单,并且不能参加竞拍。

其他要求:应收账款额、贷款额标识须用纸条表示。

注:比赛时严禁携带自行打印的规则,规则以组委会报到时发放规则为准。

C　第七届"用友杯"全国大学生创业设计暨沙盘模拟经营大赛辽宁赛区决赛规则

以下规则为 2011 年第七届"用友杯"全国大学生创业设计暨沙盘模拟经营大赛辽宁赛区高职组总决赛的规则,最终解释权归大赛组委会所有。

一、参赛队

每支参赛队 5 名队员,分工如下:总经理、财务总监、营销总监、采购总监、生产总监。

提请注意:

(1)带队老师不允许入场。

(2)比赛期间,所有参赛队员不得使用手机与外界联系,电脑仅限于作为创业者运行平台,可以自制一些工具,但不得登录 Internet 与外界联系,否则取消参赛资格。

(3)每个代表队只允许有一台电脑连接服务器。

(4)比赛时间以本赛区所用服务器时间为准。

二、运行方式及监督

本次大赛采用创业者电子沙盘(简称"创业者")与实物沙盘相结合的方式运作企业,所有运作必须在"创业者"模拟平台上记录,手工沙盘只作为辅助运作工具。

考虑到商业情报的获取,每年运行完成后,必须按照当年末结束状态,将运作结果摆在手工沙盘上,以便现场各队收集情报用。

各队应具备至少一台具有 RJ45 网卡的笔记本电脑,作为创业者运行平台,并安装录屏软件。比赛过程中,学生端必须启动录屏文件,用于全程录制经营过程,建议每一年经营录制为一个独立的文件。一旦发生问题,以录屏结果为证,裁决争议。如果擅自停止录屏过程,按系统的实际运行状态执行。关于创业者电子沙盘的操作说明可在 http://www.135e.com/Download 下载(前台使用说明),录屏软件请自行去相关网站下载并提前学会使用,比赛期间组委会不负责提供。

大赛设裁判组,负责大赛中所有比赛过程的监督和争议裁决。

提请注意:

自带电脑操作系统和 IE 浏览要保持干净,无病毒,操作系统为 Windows XP,IE 浏览器版本在(包括) 6.0 以上,同时需要安装 flash player 插件。请各队至少多备一台电脑,以防万一。

三、企业运营流程

企业运营流程须按照竞赛手册——经营记录表中列示的流程严格执行。CEO 按照经营记录表中指示的顺序发布执行指令,每项任务完成后,CEO 须在任务后对应的方格中打"√"。

每年经营结束后,各参赛队需提交综合费用明细表、利润表和资产负债表。

注:参赛队在 6 年经营中不允许申请还原操作。

四、竞赛规则

(一)生产线

生产线	购置费	安装周期	生产周期	总转产费	转产周期	维修费	残　值
手工线	5 M	无	2 Q	0 M	无	1 M/年	1 M
自动线	15 M	3 Q	1 Q	2 M	1 Q	2 M/年	3 M
柔性线	20 M	4 Q	1 Q	0 M	无	2 M/年	4 M

不论何时出售生产线,从生产线净值中取出相当于残值的部分计入现金,净值与残值之差计入损失;只有空的并且已经建成的生产线方可转产;当年建成的生产线、转产中生产线都要交维修费;凡已出售的生产线和新购正在安装的生产线不交纳维护费。

(二)折旧(平均年限法)

生产线	购置费	残　值	建成第1年	建成第2年	建成第3年	建成第4年	建成第5年
手 手工线	5 M	1 M	0	1 M	1 M	1 M	1 M
自 自动线	15 M	3 M	0	3 M	3 M	3 M	3 M
柔 柔性线	20 M	4 M	0	4 M	4 M	4 M	4 M

当年建成生产线当年不提折旧,当净值等于残值时生产线不再计提折旧,但可以继续使用。

(三)融资

贷款类型	贷款时间	贷款额度	年　息	还款方式
长期贷款	每年年初	所有长贷和短贷之和不能超过上年权益的3倍	10%	年初付息,到期还本;每次贷款为10的倍数
短期贷款	每季度初		5%	到期一次还本付息;每次贷款为20的倍数
资金贴现	任何时间	视应收款额	10%(1季、2季),12.5%(3季、4季)	变现时贴息,可对1、2季应收联合贴现(3、4季同理)
库存拍卖		原材料八折,成品按成本价		

贷款规则:

(1)长期贷款每年必须归还利息,到期还本,本利双清后,如果还有额度时,才允许重新申请贷款。即如果有贷款需要归还,同时还拥有贷款额度时,必须先归还到期的贷款,才能申请新贷款。不能以新贷还旧贷(续贷)。短期贷款也按本规定执行。

(2)结束年时,不要求归还没有到期的各类贷款。

(3)长期贷款最多可贷5年。

(4)所有的贷款不允许提前还款。

(5)企业间不允许私自融资,只允许企业向银行贷款,银行不提供高利贷。

(四)厂房

厂 房	买 价	租 金	售 价	容 量	厂房出售得到 4 个账期的应收款,紧急情况下可厂房贴现(4 季贴现),直接得到现金,如厂房中有生产线,同时要扣租金
大厂房	40 M	5 M/年	40 M	6 条	
小厂房	30 M	3 M/年	30 M	4 条	

每季均可租或买,租满一年的厂房在满年的季度(如第 2 季租的,则在以后各年第 2 季为满年,可进行处理),需要用"厂房处置"进行"租转买"、"退租"(当厂房中没有任何生产线时)等处理,如果未加处理,则原来租用的厂房在满年季末自动续租;厂房不计提折旧;生产线不允许在不同厂房间移动。

厂房贴现注意事项:

(1)如果无生产线,现金额等于卖出价进行 4 Q 账期应收款贴现。

(2)如果有生产线,卖出价进行 4 Q 账期应收款贴现后,再扣除厂房租金(例如:出售有生产线的大厂房,40 M 应收款转为现金 30 M,贴现费用 5 M,租金 5 M;小厂房则为 30 M 应收款转为现金 23 M,贴现费用 4 M,租金 3 M)。

(3)系统自动全部贴现,不允许部分贴现。

(五)市场准入

市 场	开发费	时 间	开发费用按开发时间在年末平均支付,不允许加速投资。市场开发完成后,领取相应的市场准入证
本地	1 M/年	1 年	
区域	1 M/年	1 年	
国内	1 M/年	2 年	
亚洲	1 M/年	3 年	
国际	1 M/年	4 年	

无须交维护费,中途停止使用,也可继续拥有资格并在以后年份使用。

(六)资格认证

认 证	🅱️K ISO 9000	🅱️K ISO 14000	平均支付,认证完成后可以领取相
时 间	2 年	3 年	应的 ISO 资格证,可中断投资
费 用	1 M/年	1 M/年	

无须交维护费,中途停止使用,也可继续拥有资格并在以后年份使用。

(七)产品研发

名称	开发费用	开发周期	加工费	直接成本	产品组成
P₁	1 M/季	3 季	1 M/个	3 M/个	R₁
P₂	1 M/季	5 季	1 M/个	5 M/个	R₂+R₃
P₃	2 M/季	4 季	1 M/个	8 M/个	P₁+R₃
P₄	2 M/季	5 季	1 M/个	10 M/个	P₂+R₄

产品研发可以中断或终止,但不允许超前或集中投入。已投资的研发费不能回收。如果开发没有完成,"系统"不允许开工生产。

生产 P3 必须用 P1 产品作为原料;生产 P4 必须用 P2 产品作为原料。

(八)原料

名 称	购买价格	提前期
R₁	1 M/个	1 季
R₂	1 M/个	1 季
R₃	1 M/个	2 季
R₄	1 M/个	2 季

规则说明:

(1)没有下订单的原材料不能采购入库。

(2)所有下订单的原材料到期必须采购入库。

(3)原材料采购入库时必须支付现金。

(4)"系统"中每季只能操作一次。

(九)紧急采购

付款即到货,原材料价格为直接成本的 2 倍,成品价格为直接成本的

3倍。

紧急采购原材料和产品时,直接扣除现金。上报报表时,成本仍然按照标准成本记录,紧急采购多付出的成本计入费用表损失项。

(十)交货

交货必须按照以下原则进行:

(1)严格按照订单要求的数量交货。

(2)订单规定的交货期之前交货,如订单规定交货期为第3季度,则可以在当年第3季度以前(含第3季度)交货。

(3)当需要交货时,需要在"系统"上选择要交货的订单,然后按"确认交货"按钮。

▶ 按订单交货								
订单ID	产品	数量	市场	总价	得单时间	交货期	账期	操作
1131631	P1	1	本地	6M	第3年第1季	1季	3季	确认交货
11362624	P1	6	本地	26M	第3年第1季	4季	2季	确认交货

(4)将出售产品所得应收款按订单上所写账期,放入盘面应收款相应的账期,如果账期为0,则直接进入现金库。

(5)不能按照以上规则交货的订单,视为违约订单。违约订单将直接被取消,违约订单的违约金,在当年第4季度结束时,按违约订单销售收入的20%向下取整计算违约金,并从现金中自动扣除记入损失中。

(十一)更新应收款

当运行到"更新应收账款"时,如有应收款到期,则需在"系统"中输入到期应收款数。如果填入的到期数额大于实际应到数额,则系统不予通过,如果填入的数额小于应收的数额,"系统"按照实际填写的数额收现(即现金增加),剩余到期未收现的部分,自动记入下一季度应收款。如果没有到期的应收款,也要确认更新,不做此操作,"系统"将无法进入下一步骤。

特别提示:本操作为一次性操作,即确认更新后,本季度不能再次操作,并且将关闭应收款更新之前的操作。

(十二)广告费

投入广告费有两个作用,一是获得拿取订单的机会,二是判断选单顺序。

投入 1 M 产品广告费,可以获得一次拿取订单的机会(如果不投产品广告没有选单机会),一次机会允许取得一张订单;如果要获得更多的拿单机会,每增加一个机会需要多投入 2 M 产品广告费,比如,投入 3 M 产品广告费表示有两次获得订单的机会,投入 5 M 产品广告费则表示有三次获得订单的机会……以此类推。无须对 ISO 单独投放广告费,系统自动判定公司是否有 ISO 资格,确认其能否选有 ISO 要求的订单。

(十三)选单流程

(1)各公司将广告费按市场、产品填写在广告发布表中。

(2)产品广告确定公司对订单的需求量。

(3)排定选单顺序,选单顺序依据以下顺序原则确定:

①按照各队在本市场某一产品上投放的广告费的多少,排定后续选单顺序;

②如果对一个产品投入的广告费用相同,按照投入本市场的广告费总和(即 P1、P2、P3 和 P4 的广告费之和),排定选单顺序;

③如果本市场的广告总额也一样,按照上年本企业在该市场上实现的销售额排名,排定选单顺序;

④如果上年实现的销售额也相同,按照提交广告的时间先后,排定选单顺序。

(4)"系统"按上述规则自动排出选单顺序,自动分轮次进行选单。排定选单顺序的公司在每轮选单时,只能选择一张订单。当第一轮选单完成后,如果还有剩余的订单,还有资格的公司可以按选单顺序进入下一轮选单。

特别提示:

系统中将某市场某产品的选单过程称为回合,每回合选单可能有若干轮,每轮选单中,各队按照排定的顺序,依次选单,但只能选一张订单。当所有队都选完一次后,若再有订单,开始进行第二轮选单,依此类推,直到所有订单被选完或所有队退出选单为止,本回合结束。当轮到某一公司选单时,"系统"以倒计时的形式,给出本次选单的剩余时间,每次选单的时间上限为 40 秒钟,即在 40 秒内必须作出选择(选择订单或选择放弃),否则系统自动视为放弃选择订单。无论是主动放弃还是超时候系统放弃,都将视为退出本市场本产品的选单,即在本回合中,不得再选订单。放弃一个产品的选单,不影响本市场其他产品的选单权力。第一年无订单。

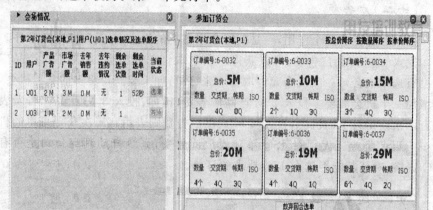

提请注意：

（1）必须在倒计时大于 10 秒时选单，出现"确认"框要在 3 秒内按下"确认"按钮，否则可能造成选单无效。

（2）在某细分市场（如本地、P1）有多次选单机会，只要放弃一次，则视同放弃该细分市场所有选单机会。

（十四）竞单会（系统一次放二张订单同时竞，并显示所有订单）

在第 4、6 年订货会后，召开竞单会（具体竞拍订单的信息将和市场预测图同时公布）。

参与竞标的订单标明了订单编号、市场、产品、数量、ISO 要求等，而总价、交货期、账期三项为空。竞标订单的相关要求说明如下：

1. 投标资质

（1）参与投标的公司需要有相应市场、ISO 认证的资质。

（2）中标的公司需为该单支付 1 M 标书费，计入广告费，没有中标的公司无须交纳费用。

（3）如果已竞得单数＋本次同时竞单数＞现金余额，则不能再竞。即必须有一定现金库存作为保证金。如同时竞 2 张订单，库存现金为 3 M，如果竞得了这 2 张订单，扣除了 2 M 标书费，还剩余 1 M 库存现金，则不能继续参与其他竞单。

2. 投标

参与投标的公司须根据所投标的订单，在系统规定时间（60 秒，以倒计时

秒形式显示)填写总价、交货期、账期三项内容,确认后由系统按照以下公式计算:

$$得分=100+(5-交货期)\times4+应收账期-总价$$

得分最高者中标。如果计算分数相同,则先提交者中标。

提请注意:

总价不能低于成本价,也不能高于成本价的3倍;

必须为竞单留足时间,如在倒计时小于等于10秒时再提交,可能无效;

竞拍界面如下:

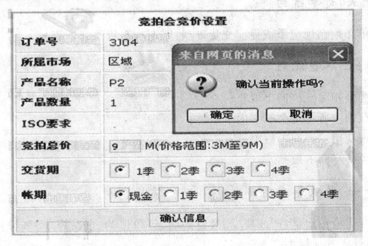

每次竞拍2张定单,各组要在60秒内为这2张单同时报价,界面如下:

需要填写的内容包含:竞拍总价(在规定范围内)、交货期(1季、2季、3季、4季)、应收款账期(现金、1季、2季、3季、4季)。提交后系统会自动计算分数,如果两组得分相同,则先提交竞价的组获得该订单。

▶ 参加竞拍会

第4年竞拍会拍单列表 (用户U01)

ID	订单编号	市场	产品	数量	ISO	状态	得单用户	总价	交货期	帐期
1	4J01	本地	P1	2		完成	U05	8	4	0
			↑本用户订单出价					12	4	0
2	4J02	本地	P1	1		完成				
3	4J03	本地	P2	3		完成	U01	27	4	0
			↑本用户订单出价					27	4	0

说明:

(1)上图中第 1 张竞拍订单(2 个 P1)U01 组出价为:总价 12 M,交货期 4 季,账期为 0(即现金交易),U05 组出价为:总价 8 M,交货期 4 季,账期为 0(即现金交易),所以 U05 中标。

(2)第 2 张竞拍订单(1 个 P1)没有组出价,所以流拍,这张定单将被视为所有组均放弃。

(3)第 3 张竞拍订单(3 个 P2)U01 组出价为:总价 27 M,交货期 4 季,账期为 0(即现金交易),U01 中标。

每个组都只能看到自己的出价以及最后中标组的报价,其余未中标组的价格看不到。

(十五)订单违约

订单必须在规定季或提前交货,应收账期从交货季开始算起。

(十六)取整规则

违约金扣除——向下取整;

库存拍卖所得现金——向下取整;

贴现费用——向上取整;

扣税——向下取整。

(十七)特殊费用项目

库存折价拍卖、生产线变卖、紧急采购、订单违约、增减资(增资计损失为负)操作计入其他损失。

(十八)重要参数

违约扣款百分比	20	%	最大长贷年限	5	年
库存折价率(产品)	100	%	库存折价率(原料)	80	%
长期贷款利率	10	%	短期贷款利率	5	%
贷款额倍数	3	倍	初始现金(股东资本)	75	M
贴现率(1,2期)	10	%	贴现率(3,4期)	12.5	%
管理费	1	M	信息费	3	M
紧急采购倍数(原料)	2	倍	紧急采购倍数(产品)	3	倍
所得税率	25	%	最大经营年限	6	年
选单时间	40	秒	选单补时时间	10	秒
间谍有效时间	600	秒	间谍使用间隔	3600	秒
竞拍时间	60	秒	竞拍同拍数	2	
市场老大	○ 有 ⦿ 无				

提请注意:

(1)每个市场每类产品选单时第一个队选单时间为 50 秒,自第二个队起,选单时间设为 40 秒。

(2)初始资金为 75 M。

(3)信息费 3 M/次。

(4)本次比赛无市场老大。

(十六)竞赛排名

完成预先规定的经营年限,将根据各队的最后分数进行评分,分数高者为优胜。以系统自动评分为准。

总成绩=所有者权益×(1+企业综合发展潜力/100)-罚分

企业综合发展潜力如下:

项　目	综合发展潜力系数
手工生产线	＋5/条
全自动/柔性线	＋10/条
区域市场开发	＋10
国内市场开发	＋10
亚洲市场开发	＋10
国际市场开发	＋10
ISO 9000	＋10
ISO 14000	＋10
P1 产品开发	＋10
P2 产品开发	＋10
P3 产品开发	＋10
P4 产品开发	＋10

提请注意：

如有若干队分数相同，则最后一年在系统中先结束经营者排名靠前。

生产线建成即加分，无须生产出产品，也无须有在制品。市场老大和厂房无加分。

（十七）罚 分 规 则

1. 运行超时扣分

运行超时有两种情况：一是指不能在规定时间完成广告投放；二是指不能在规定时间完成当年经营（以点击系统中"当年结束"按钮并确认为准）。

处罚：按总分 1 分/分钟（不满一分钟算一分钟）计算罚分，最多不能超过10 分钟。如果到 10 分钟后还不能完成相应的运行，将取消其参赛资格。

2. 报表错误扣分

必须按规定时间上报报表，且必须是账实相符，如果上交的报表与创业者自动生成的报表对照有误，在总得分中扣罚 5 分/次，并以创业者提供的报表为准修订。

注意：必须对上交报表时间作规定，延误交报表即视为错误一次。由运营超时引发延误交报表视同报表错误并扣分。

3. 盘面不实扣分

考虑到商业情报的获取，每年运行完成后，必须按照当年末结束状态，将运作结果摆在手工沙盘上，以便现场各队收集情报用。各队可以数币，翻牌查

看,遇到提问必须如实回答。如果盘面与报表不符或隐瞒盘面状态,扣 5
分/次。

4.其他违规扣分

在运行过程中下列情况属违规:

(1)对裁判正确的判罚不服从。

(2)在比赛期间擅自到其他赛场走动。

(3)指导教师擅自进入比赛现场。

(4)其他严重影响比赛正常进行的活动。

如有以上行为者,视情节轻重,扣除该队总得分的 5~10 分。

(5)严重违规扣分

参赛队伍在比赛进行中严重违反赛会规定,违背公平竞赛原则,干扰比赛
进行,将视情况扣罚 20 分,情节严重的直接取消比赛资格。

另外,全体人员(含指导老师)在比赛期间不得在场地及教学大楼内任何
地点吸烟,一经发现一次扣 10 分。

注意:裁判组有最终裁决权,在比赛期间(从比赛开始到颁奖结束)不接受
指导教师提交的比赛相关申诉。

比赛时间以服务器时间为准。

破产:

当参赛队权益为负(指当年结束系统生成资产负债表时为负)或现金断流
时(权益和现金可以为零),企业破产。

参赛队破产后,由裁判视情况适当增资后继续经营。破产队不参加有效
排名。

为了确保破产队不致过多影响比赛的正常进行,限制破产队每年投放广
告时每种产品广告费只能投 1 M,且总数不能超过 6 M,无论什么情况均最后
一个选单,并且不能参加竞拍。

(十八)系统自动扣除费用

"系统"自动支付的费用如下:

(1)管理费用:每季度结束时,自动扣除 1 M/季。

(2)设备维修费:每年结束时,计算建成的生产线,超级手工线按照 1
M/条,全自动和柔性线按照 2 M/条自动扣除。

(3)长期贷款利息:每年投放完广告费,系统自动扣除。

(4)短贷利息:每季度开始时,系统自动判断是否有到期的贷款,如果有则
自动从现金中按 5%扣减利息。

(5)税金:只计算所得税,交税的标准为,弥补完以前年度的亏损总和后,再按盈余利润 1/4 向下取整提取税金。

(6)违约罚金:在每年结束时,按违约订单销售收入的 20％ 向下取整,从现金中自动扣除。

(7)其他要求:应收账款额、贷款额标识须用纸条表示。

注:比赛时请携带自行打印的规则,出现争议则以组委会规则为准。

参考文献

[1] 刘平.用友 ERP 企业经营沙盘模拟实训手册.第 2 版.大连:东北财经大学出版社,2009.

[2] 企业经营管理沙盘模拟实训教程.北京:中教畅想(北京)科技有限公司,2008.

[3] 张雅伦.企业经营管理模拟实训指导教程(沙盘操作).成都:西南财经大学出版社,2011.

[4] 王新玲,柯明,耿锡润.ERP 沙盘模拟学习指导书.北京:电子工业出版社,2006.

[5] 王新玲,杨宝刚,柯明.ERP 沙盘模拟高级指导教程.北京:清华大学出版社,2006.

[6] 樊晓琪.ERP 沙盘实训教程级比赛全攻略.上海:立信会计出版社,2009.

[7] 陈冰.ERP 沙盘实战.北京:经济科学出版社,2009.

[8] 于桂平,陈欣.ERP 沙盘模拟对抗实训教程.北京:北京理工大学出版社,2009.

[9] 周玉清,刘伯莹,周强.ERP 与企业管理.北京:清华大学出版社,2005.

[10] 殷建红.财务主管与 ERP.北京:清华大学出版社,2006.

[11] 赵永忠.信息主管与 ERP.北京:清华大学出版社,2006.

[12] 崔晓阳.总经理与 ERP.北京:清华大学出版社,2006.

[13] 程控,革扬.MRP Ⅱ/ERP 原理与应用.北京:清华大学出版社,2006.